Iqbal und Europa

Schweizer Asiatische Studien
Etudes asiatiques suisses

Studienhefte/Cahiers

Bd./Vol. 5

PETER LANG

Bern · Frankfurt am Main · Las Vegas

Iqbal und Europa

Vier Vorträge
von A. Bausani, J.C. Bürgel, J. Marek, A. Schimmel

Herausgegeben von
J.C. Bürgel

PETER LANG
Bern · Frankfurt am Main · Las Vegas

CIP-Kurztitelaufnahme der Deutschen Bibliothek

Iqbal und Europa hrsg. von J.C. Bürgel. —
Bern, Frankfurt am Main, Las Vegas: Lang,
1980.
  (Schweizer Asiatische Studien: Studienh.;
  Bd. 5)
  ISBN 3-261-04790-9

NE: Bürgel, Johann Christoph [Hrsg.]

© Verlag Peter Lang AG, Bern 1980
Nachfolger des Verlages
der Herbert Lang & Cie AG, Bern

Satz und Druck: Lang Druck AG, Liebefeld/Bern

Inhaltsverzeichnis

Vorwort

In vielen Ländern der islamischen Welt, aber auch in Europa, Amerika und anderwärts, wurde unlängst der hundertjährige Geburtstag eines Mannes gefeiert, der zu den bedeutendsten Geistern und gleichzeitig berufensten Sprechern jener Kultur in unserm Jahrhundert gehört, Muhammad Iqbals, des an westlicher Philosophie und Dichtung ebenso wie an der grossen islamischen Tradition geschulten Dichters, Denkers und Politikers, der auch zu den Wegbereitern eines islamischen Staates auf indischem Boden gehörte und daher von den Pakistanern als «geistiger Vater» ihres Landes bezeichnet wird. Obzwar in erster Linie zu den muslimischen Völkern sprechend, richtet er doch sein Wort darüber hinaus an die Menschheit insgesamt, und seine Stimme sollte auch bei uns gehört werden. Manches in seiner Botschaft hat in der Tat weltweite Gültigkeit; anderes ist typischer Ausdruck einer islamischen Spiritualität, von deren Existenz und Eigenart der Abendländer in der Regel noch zu wenig weiss.

Iqbal entwickelte eine Anthropologie, in der er islamische, namentlich sufische Tradition (Sufik oder Sufismus heisst die islamische Mystik) mit Elementen von Goethes Persönlichkeitsbegriff, Nietzsches Übermensch-Vision und Bergsons *élan vital* zu verschmelzen suchte.

In den Mittelpunkt seiner Lehre vom Menschen stellte Iqbal den Begriff *khudi* – «Selbst», was wir auch mit Ego, Persönlichkeit oder Eigentliches des Menschen übersetzen können. Halten wir aber vor allem fest, dass es sich bei seinem Entwurf um eine in hohem Mass positive, moralisch engagierte und mithin aufbauende, zukunftsfrohe Anthropologie handelt.

Sein moralisches Engagement gewinnt noch an Kontur, wenn wir es kurz mit der Weltanschauung eines der grössten abendländischen Lyriker und Zeitgenossen Iqbals vergleichen, jener von Gottfried Benn.

Während Iqbal, der 1938 starb, die europäische Katastrophe voraussagte und gleichzeitig der islamischen Welt ein neues Morgenrot verhieß, beschwor Benn mitunter geradezu genüsslich den Untergang des Abendlandes, der «gierigen, weißen Rasse» (Am Saum des nordischen Meers). Während Iqbal zu neuer Selbstentfaltung aufrief, konstatierte Benn pessimistisch:

> Man träumt, man geht in Selbstgestaltung
> aus Selbstentfaltung der Vernunft;

man träumte tief; die falsche Schaltung:
das Selbst ist Trick, der Geist ist Zunft –

(Levkoienwelle)

Während Iqbal das Heil in einem zu seinem wahren Ich erwachenden Islam sucht, spottet Benn über die religiösen Werte:

Wer kennt Gottes Ziel
anders als: Ausgang der Blase
erektil?   (Chaos)

Den großen Propheten steht der Pfarrerssohn ablehnend gegenüber, wenn auch für Christus gelegentlich ein bewunderndes Wort abfällt: «Die Machmeds und Joanne / speicheln aus Eignem vor» (Banane). «Fratze der Glaube / Fratze das Glück», heißt es konsequent an anderer Stelle (Schädelstätten), und ebenso: «Leben – niederer Wahn» (Gedicht gleichen Titels) und schließlich: «Die Krone der Schöpfung, das Schwein, der Mensch» (Der Arzt II). Was ihm bleibt: «Ich-Zerfall» (Kokain), «leere Melancholie» (Chaos), «Apotheosen des Nichts» (Nacht), kurz: «nur zwei Dinge»: «die Leere / und das gezeichnete Ich» (Nur zwei Dinge). Da er dem verhirnten Hirn des Abendländers die «thalassale Regression» (Regressiv), also das Zurück in den Rausch des Unbewußten wünscht, taucht gelegentlich auch Asien als rettende Wüste auf:

Schweife, mythe
den Rauch von Asien hin,
das Wüstenrot, wo glühte
die Nabatäerin   (Schweifende Stunde)

Deutlicher noch konfrontiert er in der folgenden Strophe Europa und Asien zugunsten des letzteren:

. . . der läppisch verfärbte
Okzident stottert, fällt,
wenn eine nubisch Vererbte
naht und sammelt die Welt.   (Widmung)

Wie sehr Gottfried Benn die abendländische Weltstunde beschrieben hat, wird klar, wenn man daran denkt, wie viele Jugendliche inzwischen nach Asien geschweift sind, Ich-Zerfall und Regression praktiziert und ein Dasein leerer Melancholie eingetauscht haben, aus dem sie keine Benn'sche Formvollendung zu retten vermag.

8

Für Iqbal ist das Selbst kein Trick, sondern der Schlüssel der Persönlichkeit, Selbstentfaltung der Weg zu wahrer Menschwerdung. Der neue Mensch aber, so glaubt Iqbal, ist mit dem wahren Muslim identisch, das heisst, mit dem Bilde, das der Prophet Muhammad vorgelebt hat. Der Muhammad, den Iqbal vor Augen hat, ist freilich nicht die in den frühsten muslimischen Quellen noch greifbare Persönlichkeit mit ihren menschlichen Fehlern und moralischen Fragwürdigkeiten. Es ist vielmehr eine makellose Lichtgestalt, wie sie die fromme Tradition im Lauf der Jahrhunderte herausgebildet hat. Historische Strenge wie in der kritischen Bibelwissenschaft ist in der islamischen Theologie bisher nicht oder kaum vorhanden. Iqbal aber kommt es gerade darauf an, den Elan, ja den Rausch dieses ins Ideal verklärten Urislam wieder zu beschwören. Auf eine nicht leicht vorzustellende Art wollte er Rausch und Selbstbewusstsein vereinen; sein neuer Mensch sollte wieder jener fromme Magier sein, der uns in den koranischen Prophetengestalten, im legendär überrankten Muhammad-Bild und in den heiligen Häuptern islamischer mystischer Orden entgegentritt.

Die Weltstunde des Islam, die Iqbal heraufkommen sah, scheint jetzt angebrochen zu sein. Nur ist der Islam, der überall zutagetritt, nicht jenes geläuterte, mystisch durchwachsene Ideal, das Iqbal als vermeintliche Urform vorschwebte, viel eher zeigt er Züge des historischen Urislam, der militant, buchstabengläubig und streng in der Anwendung seiner Vorschriften und Strafen war. Man muß aber einräumen, daß im Zuge einer Emanzipation von Überfremdung das befreite Pendel wohl in der Regel überweit ausschlägt. Eine religiös-politische Selbstfindung ist vermutlich nur auf dem Wege einer radikalen Reislamisierung möglich. Die Tatsache, daß diese heute von vielen aufgeklärten oder gemässigten Muslims bedauert und als dem wahren Geist des Islam nicht entsprechend betrachtet wird, lehrt zweierlei: Einmal, daß alle diese Muslims den historischen Urislam nicht genau kennen, zum andern, daß «der wahre Geist des Islam» längst auch eine historisch wirksame Grösse ist, die zu realer Gestaltung drängt und diese auch erzielen könnte, falls nicht stärkere Tendenzen und Faktoren von außen oder innen dies verhindern.

Wie immer wir aber zum Islam im allgemeinen und zu Iqbal im besonderen stehen mögen, sein Engagement muß, abgesehen von seiner Intelligenz und seinen poetischen Fähigkeiten, uns Achtung und jedem am Weltgeschehen gedanklich Beteiligten Interesse abnötigen. In einer Zeit, die nur allzu bereit ist, ihre Laster und Perversionen von erfolgshungrigen oder pseudokritischen Skribenten literarisch verwerten zu lassen, ist ein denkender Dichter, der aus Verantwortung zur Verantwortung ruft, von grösster Bedeutung.

Die folgenden Vorträge wurden im Sommersemester 1977 als gemeinsame Veranstaltung des Collegium Generale der Universität Bern und der Schweizerischen Gesellschaft für Asienkunde sowie unter dem Patronat der pakistanischen Botschaft durchgeführt. Die Finanzierung wird je zur Hälfte der Schweizerischen Geisteswissenschaftlichen Gesellschaft und dem Collegium Generale verdankt.

Der Herausgeber

Iqbal und Goethe

von J.C. Bürgel, Bern

1

Iqbals Goethe-Begeisterung – und er war voller Bewunderung für den deutschen Genius[1] – erscheint wie ein spätes östliches Echo auf Goethes Orient-Erlebnis, das im *West-östlichen Diwan* jene noch immer faszinierende, durch intuitives Verstehen dem heutigen Kenner imponierende künstlerisch-eigenwillige Gestalt annahm. Hafis, Goethe und Iqbal bilden gewissermaßen ein geistesgeschichtliches Dreieck, wobei die Linien von Hafis zu Goethe und von diesem zu Iqbal, sowie von Hafis auch direkt zu jenem verlaufen. Seltsam nur, daß hier auch schon die Unterschiede, die, wie wir sehen werden, doch stärker sind als gewisse Gemeinsamkeiten, beginnen. Während Goethes Orient-Erlebnis durch Hafis recht eigentlich ausgelöst wurde und seine Verehrung für den persischen Dichter des 14. Jahrhunderts sich in Anreden wie «Heiliger Hafis» manifestiert – einmal ruft er ihm sogar zu

> Lust und Pein
> sei uns, den Zwillingen, gemein! –[2]

stand Iqbal, ohne seine literarischen Qualitäten zu verkennen, Hafis skeptisch bis ablehnend gegenüber; ja, es war gerade das Verführerische der Formulierung, das ihm den in seinen Augen dubiosen Inhalt besonders schädlich erscheinen ließ. Während Goethe in der Lage war, Hafis als lächelnden Weisen und Lehrer einer über den Konfessionen stehenden Religion der Liebe zu erkennen, löste Iqbal sich aus dem traditionellen Verständnis der Hafis'schen Weinschenke als Ort mystischer Berauschung und stellte fest:

---

1 Man vergleiche die in A. Schimmels grundlegendem Werk zusammengestellten Äußerungen Iqbals über Goethe, von denen hier nur weniges wiederholt werden soll: *Gabriel's Wing. A Study into the Religious Ideas of Sir Muhammad Iqbal* (Studies in the History of Religions – Supplements to Numen VI), Leiden 1963, namentlich 327–329 und 331–333.
2 Vgl. mein «Goethe und Hafis» in *Drei Hafisstudien* (Europäische Hochschulschriften I, 113), Herbert Lang, Bern und Frankfurt 1975.

Es ist nichts als Wein in seinem Laden,
von zwei Bechern ist ihm der Turban verrutscht[3].

Goethes Hafis-Rezeption war der Boden bereitet durch seine Plotin-Lektüre, wie ja namentlich der späte Goethe ohne den neuplatonischen Hintergrund nicht voll verständlich ist[4]. Hafis wurde daher von Goethe richtig geortet. Iqbal dagegen war zwar das neuplatonische Element in der persischen mystischen Tradition durchaus vertraut und hat ihn namentlich in seiner Frühzeit auch stark fasziniert – das Werk von Molla Sadra und Hadi Sabzawari bezeichnet er in seiner bedeutenden Dissertation *On the Development of Metaphysics in Persia* als reinen Neuplatonismus[5] –; bald aber machte er es zum Sündenbock für die islamische Dekadenz: Plato, der ihm als Chiffre gewiß den Neuplatonismus mit einschließt, erscheint in den *Geheimnissen des Selbst* als ein altes Schaf, das die Tiger, d.h. die unverfälschten Muslime, auf die vergiftete Weide des Idealismus lockt, wo sie ihre natürlichen Kräfte einbüßen[6]. Ein solches heimtückisches Schaf erblickte Iqbal auch in Hafis. Die nur in der ersten Ausgabe enthaltenen Hafis-feindlichen Verse in den *Geheimnissen,* aus denen wir eben schon zitiert haben, schließen mit den Versen:

Seine Runde taugt nicht für Fromme,
sein Becher ist für Freie ungeeignet.
Geh unbegierig an Hafis Runde vorüber –
Achtung vor Schafen! Achtung!

Und dennoch ist es gerade das neuplatonische Element, das die Sympathie Iqbals für Goethe ebenso wie jene Goethes für Hafis nicht zuletzt zu erklären vermag, ohne daß andere Faktoren bedeutungslos wären.

---

3 Die Erstausgabe ist mir nicht greifbar. Die Verse sind wieder abgedruckt in M.A. Harris (Ḥārit), *Rakht-i Safar,* Allama Iqbals unknown poems, Karachi, o.J., 126–29.
4 Einem Nachlaß-Fragment zufolge befaßte sich Goethe, angeregt durch Shaftesbury, schon 1764/5 erstmals mit dem Neuplatonismus. Intensive Plotin-Lektüre betrieb er im Jahre 1805, also wenige Jahre vor der Hafis-Rezeption, vgl. F. Koch, Goethe und der Neuplatonismus, Leipzig 1925.
5 *Gabriel's Wing* 335.
6 Ebd. 319.

2

Zu den mehr allgemeinen Voraussetzungen, die Iqbals Goethe-Verehrung auslösen konnten, gehört etwa der Umstand, daß beide in einer Zeit geistigen und politischen Umbruchs und Aufbruchs lebten. Goethe zog sich aus dieser ihn mehr und mehr enttäuschenden politischen Wirklichkeit in seine Innenwelt zurück, für die er, wohl nicht zuletzt, um die Philister zu ärgern, die orientalische Metapher wählte. Diese Reise in den «reinen Osten» ist ja eines der Grundthemen des *West-östlichen Diwan,* an dessen Beginn nicht zufällig das Gedicht *Hegire* = «Emigration» (Hidschra) steht:

> Nord und West und Süd zersplittern,
> Throne bersten, Reiche zittern,
> Flüchte du, im reinen Osten
> Patriarchenluft zu kosten.

Aber was für Goethe dichterische Metapher war, sicherlich auch geistige Horizonterweiterung, aber keinesfalls mit religiös-politischen Reformideen verbunden, das mußte nun bei Iqbal aus der Utopie heraustreten. Auch er suchte den «reinen Osten», aber als politisch-religiöse Realität, als ein Zurück zum reinen Islam, der dann auch politisch verwirklicht werden sollte durch die Gründung Pakistans, des Landes der *Pak,* der «Reinen».

Überzeugt, daß nur der Islam die Gewähr bieten könne für die Verwirklichung dieses seines Traumes, muß es ihn beglückt haben, bei Goethe neben der Verherrlichung des «reinen Ostens» sachkundige und mitunter sehr positive Aussagen über Islamisches zu finden.

Folgender Vierzeiler aus dem *West-östlichen Diwan* erfreut sich in muslimischen Kreisen besonderer Beliebtheit und dürfte auch Iqbal besonders zugesagt haben:

> Närrisch, daß jeder in seinem Falle
> Seine besondere Meinung preist!
> Wenn Islam Gott ergeben heißt,
> Im Islam leben und sterben wir alle.

Ganz sicher begeisterte Iqbal auch das aus einem geplanten, jedoch Fragment gebliebenen Muhammad-Drama stammende Loblied auf den Gründer des Islam, «Mahomets Gesang», eines der großartigsten Gedichte Goethes, das seinen hindustanischen Bewunderer zu einer freien persischen Anverwandlung inspirierte.

Wichtiger aber als die teils positiven, teils kritischen Äusserungen Goethes über Islamisches, die in seinem Gesamtwerk doch recht marginal bleiben, war die von Iqbal empfundene Gemeinsamkeit in wesentlichen Aspekten ihres Welt- und Menschenverständnisses, jene, wie gesagt, stark neuplatonisch geprägten Elemente, in deren Zeichen auch die Beziehungen zwischen Goethe und Hafis stehen.

Iqbal selber zitiert im Vorwort zu seiner Goethe gewidmeten *Botschaft des Ostens* einige Sätze aus Bielschowskys Goethe-Biographie, die dieses Verhältnis beleuchten:

> «Der Sänger von Schiras erschien wie sein leibhaftiges Ebenbild. Ob er vielleicht in des Persers Gestalt schon einmal auf Erden gewandelt? Dieselbe Erdenfreudigkeit und Himmelsliebe, Einfachheit und Tiefe, Wahrheit und Gradheit, Glut und Leidenschaftlichkeit, und endlich dieselbe Offenheit und von keinerlei Satzung eingeschränkte Empfänglichkeit für alles Menschliche. Passte es nicht auch auf ihn, wenn die Perser ihren Dichter zugleich die mystische Zunge und den Dolmetsch der Geheimnisse nannten, wenn sie von seinen Gedichten sagten, sie wären dem Äußeren nach einfach und ungeschmückt, hätten aber tiefe, die Wahrheit ergründende Bedeutung und höchste Vollendung? Und genoß nicht Hafis wie er die Gunst der Niederen und Großen? Ja, eroberte er nicht auch den Eroberer, den gewaltigen Timur? Und rettete er sich nicht aus allem Umsturz der Dinge seine Heiterkeit und sang weiter wie vordem im Frieden, in den alten gewohnten Verhältnissen[7]?» – Der letzte Satz weicht übrigens, aus dem Urdu zurückübersetzt, in bezeichnender Weise von seiner Vorlage ab: «Beiden gelang es, in einer Zeit allgemeiner Unruhe und Auflösung die Ruhe und Geborgenheit der Natur zu bewahren und deren alten Tau aus ihren Versen träufeln zu lassen.»

Gewiß, wir könnten das genauer formulieren und müßten es hie und da auch modifizieren. Aber da Iqbal diese Sätze zitiert hat, ausgewählt aus zahllosen Aussagen über Goethe und Hafis, die ihm bekannt gewesen sein dürften, halten wir uns an sie. Da ist von irdischer Freude und himmlischer Liebe die Rede, von Erkennen und Verkünden verborgener Wahrheiten und von einem Vertrauen auf die Natur.

All das führt uns nun zu einer näheren Betrachtung der gemeinsamen Züge von Iqbal und Goethe, Züge, die sich auf das dichterische Selbstverständnis, auf die Sicht der Natur als eines grossen mannigfaltigen Symbols ewiger Wahrheiten und auf die Liebe als Inbegriff menschlichen Seins erstrecken. Hinzu kommt als nicht unbedingt neuplatonischer, in Iqbals Sicht sogar wesentlich diesem System entge-

---

7 A. Bielschowsky, *Goethe – Sein Leben und seine Werke.* Zweite durchgesehene Auflage, München 1898, II, 341/2.

gengesetzter Zug der rastlose Tatendrang, der sich jedoch, wenn man an die neuplatonische Sehnsucht oder Liebe als Motor der gesamten Schöpfung, sowie an die Vorstellung vom Leben als einer Pilgerfahrt denkt, sehr wohl auch aus jener Quelle herleiten läßt, wie er ja auch bei Iqbal mit seiner Vorstellung von Liebe *(ᶜishq)* unmittelbar verknüpft ist.

Beginnen wir mit der letztgenannten, der Liebe als Inbegriff, Zweck und Motor menschlichen Seins, ja des kosmischen Seins überhaupt, so sind wir mithin im Zentrum neuplatonischen Denkens.

3

Es ist bezeichnenderweise wieder ein an Hafis gerichtetes Gedicht, in welchem Goethe den neuplatonischen Gedanken des die ganze Schöpfung durchwaltenden Verlangens ausspricht:

> Was alle wollen, weißt du schon
> und hast es wohl verstanden;
> denn Sehnsucht hält, von Staub zu Thron,
> uns all in strengen Banden[8].

Der Weimarer Dichter greift hier ein in der persischen Dichtung schon des Mittelalters zentrales Motiv auf: Die Liebe als kosmische Macht wurde gefeiert, seit die Mystik und mit ihr der Neuplatonismus besonders im Osten der islamischen Welt das fromme Denken zu durchtränken begann.

> Da mir kein besser Wort bekannt als Lieben,
> will lebenslang ich mich im Lieben üben.
> Des Firmaments Mihrab ist Liebe nur,
> der Staub der Liebe Tau der Erdenflur.
> Was wär' des Kosmos Seele ohne Liebe?
> Was blieb lebendig in der Welt Getriebe?[9]

So heißt es bei Nizami im 12. Jahrhundert, und bei Rumi, dem von Iqbal besonders verehrten großen mystischen Dichter des 13. Jahrhunderts, der diese kosmische Liebe immer und immer wieder besungen hat:

8 Vgl. hierzu mein «Goethe und Hafis», S. 24.
9 *Chosro und Schirin* ed. Dastgirdi, S. 33.

Durch Liebe sind die himmlischen Sphären in Harmonie,
Ohne Liebe würden die Gestirne versinken[10].

Es ist die Sehnsucht nach der Rückkehr des Vielen in den Urschoß des Einen, von der hier die Rede ist. Goethe spricht davon in seinem Gedicht «Höheres und Höchstes», das mit den Worten schließt:

Bis im Anschaun ewiger Liebe
Wir verschweben, wir verschwinden[11].

Ziel und Ende der mystischen Liebe im Islam war genau dieses Verschweben und Verschwinden, oder, mit einem älteren Ausdruck der deutschen Mystik, das «Entwerden», dies aber nicht am Ende des Lebens, sondern so bald wie möglich, als Inhalt des Daseins. Was der Mystiker zu vollziehen hatte, um als wahrhaft Liebender zu gelten, war die Aufgabe des Selbst; er mußte *bī-chud,* ohne Selbst, ohne Ich und bī-dil, ohne Herz werden, denn der Liebende hat sein Herz und sein Selbst ja an den Geliebten, das heißt Gott, verloren oder geschenkt.

Denn wo die Lieb erwacht, da stirbt
das Ich, der dunkele Despot[12].

Von einer solchen Deutung des Ich wollte Iqbal nichts mehr wissen. Etwas von dem radikal Neuen in seinem Denken, womit er viele seiner Landsleute schockierte, sich aber mit Goethe, trotz der eben zitierten Verse vom Verschweben und Verschwinden, einig wissen konnte, ist die Verbindung von Liebe und Selbst. Iqbal will ja die islamische Welt zu neuem Erwachen, zu neuer Entfaltung und Macht führen; und er hat im Westen gelernt, daß dies nicht möglich ist ohne eine Überwindung der Trägheit, des Quietismus und Fatalismus, die, obwohl in seinen Augen ganz und gar unislamische Laster, sich überall um ihn her breitgemacht hatten.

«Der Muslim hat dem Müßiggang gefrönt unter dem Vorwand der Vorherbestimmung»[13], so konstatierte Iqbal. Er erkannte, daß für die Überwindung dieses Müßiganges und dieser Trägheit ein neues

10 Rumi, *Diwan* ed. Furuzanfar Nr. 2, 14.
11 WÖD, Buch des Paradieses.
12 *Orientalische Dichtung in der Übersetzung Friedrich Rückerts.* Hrsg. und eingel. von A. Schimmel (Sammlung Dieterich Bd. 286), Bremen 1963, S. 56.
13 *Kulliyāt-i Iqbāl* ed. Javed Iqbal, verlegt bei Shaikh Ghulam ᶜAli and Sons, Lahore, Haiderabad, Karachi. *Armaghān-i Hijāz* (= AH) 45.

Selbstbewußtsein erforderlich war. Daher schrieb er seine *Geheimnisse des Selbst,* wobei wir Selbst auch durch das Goethische Wort «Persönlichkeit» ersetzen könnten. Er schrieb sie im Stil des *Mathnawi,* des traditionellen Lehrgedichtes in Doppelversen, herkömmlich also in der Form, aber inhaltlich revolutionär in ihrem Angriff auf die jahrhundertalte Negation des Selbst und der Persönlichkeit in der islamischen Mystik.

Eines der ersten Kapitel ist überschrieben «Nachweis, daß das Selbst durch Liebe und Begeisterung Festigkeit erlangt». Die ersten Verse lauten in Übersetzung:

> Die Lichtpartikeln, deren Name Selbst ist,
> sie sind der Lebensfunke unter unserer Asche.
> Durch Liebe wird es (das Selbst) standhafter,
> lebendiger, glutvoller, drängender.
> Auf Liebe beruhen die Entflammung seiner Substanz
> und der Aufstieg der in ihm verborgenen Möglichkeiten[14].

Immer und immer wieder wird diese These aufgegriffen in zahllosen Gedichten auf Urdu wie auf Persisch.

> Des Lebens Wesen Liebe ist, der Liebe Wesen ist das Selbst,
> Doch ach, die Schärfe dieses Schwerts ist an die Scheide noch gebannt[15].

Selbstbewußtsein und Liebe fielen, so meint Iqbal, in der Frühzeit des Islam zusammen. Allein aus Liebe zu Allah nämlich, nicht aus Machtstreben und Besitzgier, hätten die Gläubigen damals zu den Waffen gegriffen und die Welt für Gott erobert. In diesem Sinne setzte er dann auch Islam mit Liebe gleich:

> Wo Liebe ist, da wird auch Heidentum zum Islam,
> wo nicht, ist auch der Muslim Heide und Ketzer[16].

Wir können dem ein kurzes Epigramm Goethes an die Seite stellen: «Dem Absolutisten»:

> Wir streben nach dem Absoluten
> Als nach dem allerhöchsten Guten.

14 *Asrār-i Khudī* 18.
15 «Gesang der Engel», Bāl-i Jibrīl (BJ) 109.
16 *Bāng-i Darā* (= BD), Ghasel II, 11.

Ich stell es einem jeden frei;
Doch merk ich mir vor allen Dingen:
Wie unbedingt, uns zu bedingen,
Die absolute Liebe sei[17].

Iqbal übernimmt nicht nur die in der islamischen Mystik seit langem lebendige Idee einer Religion der Liebe, er übernimmt auch die damit in der Regel verknüpfte Polarität von Verstand und Liebe, freilich mit charakteristischen Abstrichen. Sehr bewußt setzt er sich nämlich von der mystischen Tradition ab, die in der Regel den Verstand zu stark abzuwerten pflegte zugunsten der Liebe[18].

Fern seien die Verstandesmenschen von den Liebenden,
Fern sei der Dunst des Badeofens vom Hauch der Frühlingsbrise[19].

So hieß es bei Rumi. Die eigentliche Zielscheibe dieser antirationalen Angriffe waren in der islamischen Mystik immer die beamteten Vertreter der Orthodoxie, die eingefleischten Scholastiker, Mollas und Kanonici, denen man Heuchelei, Anmaßung und vor allem Unfähigkeit, die Geheimnisse wahrer lauterer Liebe zu begreifen, vorwarf. Auch bei Iqbal sind es die Mollas, die als Vertreter dieser erstarrten Rationalität auf der Verlustseite des Islam verbucht werden. In ironischem Ton stellt er fest:

Die ganze Nacht lang haben die Eiferer ihre Moschee gebaut.
Der Verstand ist ihr greiser Papa,
In langen Jahren vermochte er nicht zum Beter zu werden[20].

Der Molla als bornierter Geck oder Simpel, das ist ein Thema, das sein Gegenstück in manchem saftigen Angriff auf Pfaffen und Philister, auf die «dummen Eingeengten, das Mönchlein ohne Kapp' und Kutt'» in Goethes *West-östlichem Diwan* und den *Zahmen Xenien* findet[21].

Iqbal aber bereichert nun – und zwar meines Wissens erstmals – das Lager dieser liebelosen Rationalität um einen neuen bedeutsamen Insassen. Es handelt sich um den Franken, den Europäer und seine fort-

17 Aus «Epigrammatisch», Goethes Werke (Meyers Klassiker-Ausgaben) ed. K. Heinemann, Leipzig und Wien II, 171.
18 Vgl. mein «Verstand und Liebe bei Hafis» in *Drei Hafisstudien* (Anm. 2).
19 Rumi, *Diwan* Nr. 172, 2.
20 BD 291.
21 Vgl. mein «Goethe und Hafis» S. 28.

schrittliche technische, in Iqbals Augen ganz und gar liebelose Zivilisation.

> Er vermochte den Verstand der Einsicht (des Herzens) nicht gefügig zu machen

heißt es in einem kleinen, auf den «Menschen der Gegenwart» gemünzten Gedicht.

> Der Erforscher der Bahnen der Gestirne
> vermochte in der Welt seiner eigenen Gedanken nicht zu reisen.
> Der sich der Strahlen der Sonne bemächtigte,
> vermochte die dunkle Nacht des Lebens nicht in Morgenrot zu
> verwandeln[22].

Fehlen des Selbst im Sinne Iqbals also auch im Westen. Und in einem «die gegenwärtige Epoche» überschriebenen Gedicht klagt Iqbal, daß im Westen am unfrommen, gottlosen Denken die Liebe gestorben, im Osten dagegen der Verstand in den Fesseln der Tradition zum Sklaven geworden sei[23]. Ähnliche Vorbehalte gegenüber Verstand und Wissenschaft gibt es auch bei Goethe:

> ·Was auch als Wahrheit oder Fabel
> In tausend Büchern dir erscheint,
> Das alles ist ein Turm zu Babel,
> Wenn es die Liebe nicht vereint[24].

Entsprechend aber seiner dynamischen aktivistischen Grundeinstellung fordert Iqbal im *Buch der Ewigkeit* beide Kulturen zu einer neuen Synthese von Verstand und Liebe auf, aus der allein die Bewältigung der Zukunft in einer neuen Welt erwachsen könne[25].

---

22 *Zarb-i Kalīm* (= ZK) 69.
23 ZK 81.
24 Zahme Xenien III, 748–51.
25 Vgl. die deutsche Übertragung von A. Schimmel, *Buch der Ewigkeit,* München 1957, S. 63–64; wieder abgedruckt in M. Iqbal, *Botschaft des Ostens,* ausgewählte Werke, hrsg. (und übertragen!) von A. Schimmel, Tübingen u. Basel 1977 (Literar.-künstl. Reihe des Instituts für Auslandsbeziehungen Stuttgart Bd. 21), S. 39–40.

4

Aus der mystischen Tradition übernimmt Iqbal nun zwei weitere Vorstellungen oder Lehren, die ihn, wenn auch nicht ohne eine gewisse Dialektik, wiederum in die Nähe Goethes rücken.

Es handelt sich um die Lehre vom Vollkommenen Menschen und um die positive Bewertung Satans. Der Vollkommene Mensch ist eine in die griechische Gnosis, wo er als ἄνϑρωπος τέλεος begegnet, zurückreichende Vorstellung[26]. Im Islam entwickelte sie der andalusische Mystiker Ibn ᶜArabī im 13. Jahrhundert im Rahmen seiner dichotomischen Universaltheorie. Ausgehend von den polaren Begriffen des Aussen und des Innen lehrte Ibn ʿArabī, daß die Schöpfung gleichsam das Außen Gottes sei. Gott – das ist wieder Neuplatonismus – tritt überall in der Schöpfung in Erscheinung, durch die Schöpfung wird Gott sichtbar, wenn auch sein wahres Wesen verhüllt bleibt. Die höchste Stufe dieses göttlichen Selbsterweises stellt der Mensch dar; und da, wo die ganze Substanz, die ganze Innenschicht eines Menschen mit göttlichem Wesen getränkt ist, ist der Mensch vollkommen. Diese Vollkommenheit manifestiert sich, abgesehen von den Propheten, im islamischen Heiligen und seiner Wundertätigkeit. Er beherrscht, so wird von ihm behauptet, Natur und Kosmos, er durchdringt die Grenzen von Raum und Zeit; er ist, mit westlichen Augen betrachtet, ein frommer Magier, das islamische Gegenstück zum abendländischen Faust, Übermensch, aber sündlos[27].

Iqbal möchte dieses Ideal islamischer Anthropologie, das in der Realität längst in die Niederungen magischen Aberglaubens abgesunken war, –

> Die Glut der Sehnsucht schwand im Sufizirkel
> nur Fabeln und Legenden sind geblieben[28]

sagt er selber skeptisch – Iqbal möchte diesen Menschentypus wiederbeleben, nun aber nicht mehr im statischen Raum religiöser Magie, dem der traditionelle Derwisch und mystische Heilige angehörte, son-

---

26 Vgl. H.H. Schaeder, Die islamische Lehre vom Vollkommenen Menschen, ihre Herkunft und ihre dichterische Gestaltung, in: Zs. d. Dtsch. Morgenl. Ges. 79/1925.

27 Zum frommen Magier vgl. R.A. Nicholson, *The Mystics of Islam*, London 1914, «Saints and Miracles» p. 120–147.

28 BJ, Ghasel II, 45.

dern im Rahmen seiner dynamischen Existenzphilosophie. Er möchte
– man lasse es mich in einem Bilde sagen – dem islamischen Derwisch
einen Schuß Faustischen Blutes in die Adern jagen, ohne freilich einen
wirklichen Faust kreieren zu wollen; denn der islamische Mensch Iqbals, auch der Vollkommene, soll, bei aller kosmischen Dimension,
doch immer ʿabd Allah, Knecht Gottes bleiben.

Um aber den Tatendrang zu fördern, spannt Iqbal auch Iblīs, den islamischen Teufel ein, der nun, wie Mephistopheles im *Faust,* das Prinzip der menschlichen Rastlosigkeit verkörpert.

> Stürzen wir uns ins Rauschen der Zeit,
> Ins Rollen der Begebenheit.
> Da mag denn Schmerz und Genuß
> Gelingen und Verdruß
> Miteinander wechseln wie es kann,
> Nur rastlos betätigt sich der Mann!

Sagt Faust zu Mephistopheles, als er sich ihm verschrieben hat[29].

Iqbal läßt den Teufel unter anderem in einem Urdu-Dialog mit dem
Engel Gabriel zu Wort kommen. Die himmlische Ruhe und Unschuld,
die Gabriel verkörpert und auch dem Teufel schmackhaft machen
möchte, kann diesen nicht locken. Er betont vielmehr, daß *er* der eigentliche Motor des irdischen Geschehens sei[30].

> Bist du einmal mit Gott allein, dann frag ihn,
> wessen Blut die Geschichte Adams farbig gemacht hat!

Und im *Ewigkeitsbuch* sagt Rumi zum Dichter, der hier unter dem Namen Zinderud = «Lebensstrom» auftritt:

> Ich bin so in die Tatenwelt verwickelt,
> daß ich Gelegenheit zur Ruhe kaum finde.
> O Menschenkind, lös meiner Taten Knoten
> leb in der Welt mit wahrem Mannesstreben[31].

Mit dieser Funktion der Aktivierung rückt Satan freilich in bedenkli-
che Nähe der Liebe. Denn es ist ja die Liebe, von der Iqbal in einem
Gedicht auf «Wissenschaft und Liebe» feststellt:

29 *Faust* 1754–59.
30 BJ 143, Schimmel, *Botschaft des Ostens* (= BO) 111/2.
31 *Buch der Ewigkeit* 118; BO 286.

> Im Kodex der Liebe ist lustvolles Rasten versagt,
> Der Kampf mit der Flut gestattet, die Wonne des Ufers versagt[32].

Konsequenterweise stellt denn auch Iqbal Iblis zusammen mit drei großen Liebenden, die in den Augen des orthodoxen Islam aber Ketzer
sind, in die Jupiter-Sphäre[33].

Daß gerade dieser Tatendrang, dieses «Wer immer strebend sich bemüht», für Iqbal ein Element Goetheschen Denkens und Trachtens
war, wird besonders deutlich in einem Dialog zwischen Dichter und
Huri, den Iqbal ausdrücklich als Echo auf Goethes gleichnamiges Gedicht im *West-östlichen Diwan* bezeichnet. Hier läßt Iqbal den Dichter
zur Huri sagen:

> Was soll ich tun, da meine Natur sich mit keinem Standort begnügt?
> Ich habe ein Herz ruhelos wie der Lenzwind im Tulpenfeld.
> Wenn mein Blick auf ein hübsches Lieb fällt,
> schlägt mein Herz sogleich nach einem Schöneren.
> Im Funken suche ich den Stern, im Stern die Sonne.
> Die Herberge lockt mich nicht, ich stürbe an Rast[34].

Worauf es Iqbal ankommt, ist die Dynamik. Stillstand, Rasten ist
gleichbedeutend mit Tod. «Leben», so sagt er, «heißt Ungeduld des
Herzens»[35].

5

Wandel, Wechsel, wie sie bei ihm für das wahre Leben gefordert werden, sind ja auch das Wesen der Natur, und überdies, wie Iqbal in zahl-
reichen Gedichten betont, mit dem Wesen der Schönheit unlösbar verbunden. Und Wandel ist schließlich das bestimmende Moment auch
der Geschichte. Wie die Geister Faust zurufen, eine neue Welt zu er-
richten, so sagt Iqbal seinem Leser: «Nur das ist deine Welt, welche du
selbst hervorbringst!»[36]

Im gleichen Gedicht spricht er von der Krise der europäischen Welt
und bittet Gott

32 «Wissenschaft und Liebe» ZK 20.
33 Vgl. die Übersicht über Iqbals himmlische Begegnungen in *Gabriel's Wing*, p. 305.
34 *Payam-i Mashriq* (= PM) 127; BO 169.
35 BJ Ghasel II, 20.
36 BJ Ghasel II, 48, 3. Vers.

Die neue Welt, die wohnt in meinen Liedern,
gib, daß ein Suchen nach ihr aufbricht in den Weiten![37]

Die neue Welt in meinen Liedern! Ähnliche an Lieder revolutionärer Dichter erinnernde Töne finden sich immer wieder in Iqbals Dichtung. So beginnt ein anderes Ghasel des gleichen Zyklus mit den Worten:

Jenes Geschehen, das noch im Schleier der Sphären verhüllt ist,
im Spiegel meines Erkennens tritt es bereits in Erscheinung[38].

So redet ein Prophet! Und in der Tat, der Dichter als Prophet, das ist ein wesentlicher Bestandteil von Iqbals Selbstverständnis. In diesem Selbstverständnis fließen eine Reihe von Elementen zusammen: Der persische Dichter verstand sich spätestens seit Rumi als ein Wesen mit den kosmischen Attributen des Vollkommenen Menschen. Dazu gehört, daß er inspiriert ist; und dies wiederum bedeutet, daß er mit seiner Phantasie die Sphären zu durchdringen und mit seiner Sprache Wunder zu vollbringen vermag[39]. Iqbal selber zitiert im *Buch der Ewigkeit* in einem Passus, der sich mit den Aufgaben des Dichters und namentlich seiner Rolle in der Gesellschaft befaßt, das alte persische Wort, wonach die Dichtung ein Teil der Prophetie ist[40]. Und es ist bezeichnend, daß Iqbal in einem Gedicht der Goethe gewidmeten *Botschaft des Ostens* Rumi und Goethe im Zeichen jenes Wortes vereint, das die persische Tradition für ihre größten Dichter geprägt hat, nämlich: «Er ist kein Prophet, doch er besitzt ein Buch!»[41] Goethe selber hat das Kostüm des Propheten gelegentlich eher scherzend angelegt, so das des böotischen Sängers Bakis: «Seht mich an als Propheten», heißt es da einmal in den *Zahmen Xenien*[42]. Aber im Ganzen ist er trotz einer gewissen Selbstverklärung im Alter doch eher das «Weltkind in der Mitten»

---

37 BJ Ghasel II, 48, 6. Vers.
38 BJ Ghasel II, 44.
39 Diese Seite seiner Selbstsicht habe ich in meinem auf dem Iqbal Centenary 1977 in Lahore gehaltenen Referat «Poetry about poetry» näher ausgeführt.
40 *Buch der Ewigkeit* 47; BO 227. Schon bei Nizami (st. 1209) steht «Der Geheimnisschleier der Dichtung / ist ein Schatten vom Schleier (bzw. eine Figur aus dem Schattenspiel) der Prophetie», *Makhzan al-asrār,* ed. Dastgirdi 41, 3. Zum Topos vgl. auch mein «Nizami über Sprache und Dichtung» in: *Islamwissenschaftliche Abhandlungen* Fritz Meier zum sechzigsten Geburtstag hrsg. von Richard Gramlich, Wiesbaden 1974, S. 9–28.
41 BO 192.
42 Goethes Werke II, 221.

und beschränkt sich darauf, den Künstler im Sinne des Horaz'schen *et iucunda et idonea dicere* zu «gesunder» Erbaulichkeit zu ermahnen:

> Künstler! zeiget nur den Augen
> Farbenfülle, reines Rund!
> Was den Seelen möge taugen,
> Seid gesund und wirkt gesund![43]

Iqbal dagegen ist es mit seiner prophetischen Sendung heiliger Ernst. Seine Dichtung ist sein Mose-Stab, das Instrument, mit dem er Wunder zu vollbringen weiß, ist jener *Schlag Mosis* – so der Titel eines seiner Zyklen –, mit dem der auch im Islam hochverehrte Prophet das Rote Meer teilte (Sure 26, 63) und zwölf Quellen aus dem Felsen schlug (Sure 2, 60). Immer wieder betont Iqbal die Wirkkraft und Reichweite seiner poetischen Phantasie und Sprache.

> Huris und Engel sind Gefangene meiner Phantasien;
> mein Blick schlägt Breschen in Deine Offenbarungen[44].

So redet Iqbal Gott an und

> O Wunder: meine Frühgesänge
> wecken jenes Feuer, das in Deinem Staub (im Menschen) ruht[45].

oder:

> Mein Lied hat Intellektuelle und Ungebildete zum Leben erweckt;
> ich habe ihnen Geschmack an feurigem Trank gegeben[46].

Iqbal ist überzeugt, daß nur eine Dichtung, die aus innerer Glut und Herzenswärme emporwächst, wahre Dichtung sein kann, und er hat dies immer wieder betont, wie etwa in dem kleinen Epigramm «Philosophie und Poesie», das mit den Worten schließt:

> Glutlose Wahrheit ist Philosophie –
> zur Dichtung wird sie durch des Herzens Brand[47].

---

43 *Ars poetica* 333–34; *Zahme Xenien* III, 748–51.
44 BJ Ghasel I, 1.
45 BJ Ghasel II, 44.
46 BJ Ghasel II, 54.
47 BO 158.

Goethe spricht das gleiche Anliegen nüchterner aus, wenn er sagt:

> Denn es muß von Herzen gehen, was auf Herzen wirken soll[48].

Noch wichtiger aber ist ihm der gesellschaftliche Auftrag des Dichters, nicht freilich im Sinne eines bestallten Staatspoeten, wohl aber in jenen schon angesprochenen prophetischen Bedeutungen. Iqbal hat eine Botschaft, die «Botschaft des Ostens». Und es ist zweifellos kein Zufall, daß er gerade seinem Goethe zugedachten Gedichtband diesen Titel, verbunden mit dem Zusatz «Erwiderung auf Goethes West-östlichen Diwan», gegeben hat.

Inhaltlich freilich weicht dieses Werk von seinen andern Gedichtbänden nicht wesentlich ab und braucht daher hier auch nicht besonders behandelt zu werden. «Botschaft des Ostens» – das ist sein gesamtes Werk. Immer wieder betont er die Verantwortung des Dichters.

> Wenn sie den Garten nicht zum Blühen bringt,
> möge die Nachtigall besser verstummen![49]

heißt es in einem Poem auf die persische Dichtung,

> Jener Spieler vergiftet den Klang mit seinem Atem,
> dessen Gewissen nicht rein ist[50],

in einem anderen Gedicht mit dem Titel «Musik».
Oder:

> Weh über Malerei und Dichtung, Flöte und Gesang,
> Wenn das Wesen der Kunst nicht die Errichtung der Persönlichkeit ist[51].

Und schließlich das folgende Epigramm, das der Form nach in den *Zahmen Xenien* Goethes stehen könnte:

> Ich bin mit den Geheimnissen der Dichtung nicht vertraut,
> doch dies ist eine Weisheit, die die Geschichte lehrt:
> Die Dichtung, die Botschaft des ewigen Lebens vermittelt,
> ist Gabriels Gesang, ist Stimme Israfils[52].

48 *Faust* 9685-6.
49 ZK 128.
50 ZK 131.
51 «Existenz» ZK 114.
52 «Dichtung» ZK 132.

Gabriel ist der Engel, der die Propheten inspiriert, Iqbal nannte eine seiner Gedichtsammlungen *Schwinge Gabriels,* wobei sowohl an das Rauschen wie an die Flugkraft der Flügel gedacht ist. Israfil ist der Engel, der den Jüngsten Tag durch Posaunenruf ankündigen wird.

Indem Iqbal seine Dichtung auch der Posaune des Jüngsten Gerichts vergleicht, unterstreicht er den Ernst seiner Botschaft, und er setzt sich bewußt vom Hauptstrom der großen Tradition persischer und hindustanischer Dichtung ab, wenn er feststellt:

> In meinem Lied ist nicht die Haltung verliebten Getändels,
> der Ton der Posaune Israfils ist nicht einschmeichelnd[53].

Mit dieser für Iqbal typischen rigorosen Haltung entfernen wir uns freilich deutlich von dem, was ihn mit Goethe verbindet. Gewiß, auch Goethe reiht sich im Alter besonders im *Diwan* in den Reigen der Meister und Weisen ein und verbrüdert sich mit dem Heiligen Hafis, dem Inspirierten. Aber das Lehrhafte, das bei Iqbal immer stärker hervortritt, ist Goethe eher zuwider gewesen. Und sein Anschluß an die «Weisen, Göttlich-Milden» war verbunden mit einer deutlichen Abkehr vom Volk:

> Sagt es niemand nur den Weisen,
> Weil die Menge gleich verhöhnet!

und:

> Niemand soll und wird es schauen,
> Was einander wir vertraut;
> Denn auf Schweigen und Vertrauen
> Ist der Tempel aufgebaut[54].

Iqbal dagegen sucht das breite Echo. Sein Publikum sind die Muslime insgesamt; er dichtet zweisprachig, um auch in Persien und Afghanistan verstanden zu werden.

---

53 BJ Ghasel II, 15.
54 Vgl. hierzu die aufschlußreiche Studie von E.R. Curtius «Goethe – Grundbegriffe seiner Welt» in: Curtius, *Kritische Essays zur europäischen Literatur,* Bern u. München 1963, S. 70–85.

6

Während sich beim alten Goethe die esoterische Wende, die Entfremdung der Dichtung vom Volk ankündigt, eine Entwicklung also, die in unserem Jahrhundert den Gipfelpunkt erreichte, sucht Iqbal den umgekehrten Schritt zu tun: Aus einer jahrhundertealten, zu höchstem Raffinement entwickelten literarischen Tradition, die längst nur noch für Eingeweihte verständlich war, mußte er herauszutreten bemüht sein, um nicht nur die beaux esprits und professionellen Literaten und ihre Zirkel in der High-Society zu erreichen. Und doch konnte er diese Tradition nicht einfach beiseite schieben, wollte er überhaupt gehört werden.

So arbeitet denn Iqbal weithin mit dem Schatz der überkommenen poetischen Vorstellungen, dichterischen Vergleiche und Metaphern, die zum Teil bis zu der arabischen Beduinendichtung vor Muhammad zurückreichen. Die literarische Tradition war, wie die kulturelle Tradition im Orient überhaupt, bis vor kurzem ja viel stärker und konstanter als im Abendland.

Das ist das sprachliche Dilemma Iqbals. Er hat es nie ganz überwunden, konnte es, wie angedeutet, gar nicht überwinden, ist ihm aber doch mit großer sprachlicher Virtuosität begegnet.

Wie funktionieren nun diese Metaphern? Hier nur ganz wenige Beispiele für die anakreontische Bildwelt: Wenn Iqbal davon reden will, daß in Indien die einstige religiöse Glut und die kulturelle Blüte des Islam nicht mehr existieren, so kann er etwa sagen, daß der Trubel der Festversammlung verstummt, die Kerze erloschen, der Wein versiegt und der Schenke verschollen sei[55]. Will er sagen, daß man die westliche Zivilisation nicht nachahmen solle, so kann er das tun mittels der metaphorischen Aufforderung:

Schenke, gib mir einheimischen Wein[56]!

Will er Gott vorwerfen, daß er den Muslimen den früheren Segen entzogen habe, so kann er das in der Form des folgenden Vierzeilers andeuten:

55 Vgl. z.B. die beiden Ghaselen mit dem Echoreim *sāqī* – «Schenke» – BJ I, 7 und I, 8.
56 «Botschaft», BD 113.

Kein Wein verblieb in Deiner Flasche.
Bist Du denn nicht mehr Schenke, sprich!
Vom Ozean *ein Tropfen* für den Durstigen, –
das nenn ich Geiz, nicht Fürsorge[57]!

In der Frühzeit seines Schaffens ist Iqbals Dichtung oft überreich an derartigen Bildern und daher mitunter schwer verständlich, später wird sie zunehmend klarer, entwickelt sich vereinzelt allerdings bis zur trokken gereimten Propaganda- und Tendenzpoesie.

7

Um aber noch einmal auf den Zusammenhang zwischen Goethe und Iqbal zu kommen: Am meisten hat dieser von jenem vermutlich in seinen Naturgedichten gelernt. Nicht freilich in dem Sinne, daß Goethe sein einziger Lehrmeister gewesen sei. Iqbal hat ja auch andere deutsche und englische Dichter gekannt. Er hat Heine verehrt[58], er hat Shakespeare in einem großartigen Gedicht als einmalige Erscheinung gefeiert[59] und hat Naturgedichte aus dem Englischen unter andern von Emerson, Longfellow und Lord Tennyson frei ins Urdu übertragen[60]. Dennoch ist ein Einfluß Goethes auf seine Naturdichtung wahrscheinlich, wenn dieser uns auch nur selten direkt greifbar ist. So beschreibt er in einem «Der Dichter» betitelten Poem höchst anmutig den Bergbach[61], eine Idee, die, wie wir schon sagten, von Goethes Gedicht «Mahomeds Gesang» beeinflußt sein dürfte. Und im Urdu-Diwan findet sich das kleine Gedicht «Abend am Neckar» mit deutlichen Anklängen an Goethes «Über allen Wipfeln ist Ruh»[62].

Die Annahme des Einflusses drängt sich aber erst recht auf, wenn man sieht, wie Iqbal die Natur in ähnlicher Weise wie Goethe symbolisch deutet, und dies in großen Gedichten, die einem einzelnen Gegenstand wie der Wolke[63], dem Strom[64], dem Mond[65], der Sonne[66] etc. ge-

57 BJ 6.
58 Auf Heines Gedicht «Fragen» antwortet Iqbal in PM mit einem «Leben und Tat» überschriebenen Vierzeiler, vgl. BO 170.
59 BD 251.
60 BD 31; 56; 57; 63.
61 BD 210.
62 BD 128; BO 69.
63 BD 27; 91.
64 BD 62.
65 53; 78; 171.
66 BD 43; 48.

widmet sind, was in dieser Form an sich schon ein Novum in der persisch-hindustanischen Dichtungstradition darstellt. Iqbal führt aber gleichzeitig auch mancherlei Strophenformen ein, die das europäische Vorbild verraten.

Gemeinsamer Boden dieser verwandten Naturauffassung ist, wie gesagt, das neuplatonische Weltverständnis. Wir finden es in Iqbals Gedichten mehrfach expressis verbis ausgesprochen. Am schönsten und klarsten in einem Gedicht mit der Überschrift «Leuchtkäfer»[67]. Das Herz des Dichters, sagt hier Iqbal, ist ein Funke der ewigen Schönheit, und der Dichter, so können wir folgern, ist daher besonders offen für diese Schönheit. In einem Gedicht, das Iqbal an Ghalib, den größten hindustanischen Dichter vor ihm selber, gerichtet hat, heißt es:

> Dein Auge gewahrte jenen Schimmer der Schönheit,
> der als Lebensfunke in allem verborgen ist[68].

Diese Stelle ist bedeutsam, weil Iqbal im gleichen Gedicht später Goethe nennt, Goethe, der wie kein anderer deutscher Dichter sich aufs Schauen verstand:

> Scharfer Blick, die Welt zu schauen, Mitsinn jedem Herzensdrang[69].

Der Mensch wird daher von Iqbal aufgefordert zu schauen. Ein Gedicht mit der Überschrift *hazrat-e insān* «Seine Hoheit der Mensch» beginnt mit den Worten:

> Wie leicht in dieser Welt sind Erkennen und Schauen:
> Nichts kann sich verbergen, denn diese Welt ist lichthaft.
> Man sehe nur hin, wie dünn der Schleier der Natur ist,
> da wird das verborgene Lächeln der Engel sichtbar.
> Diese Welt ist eine Einladung an den Menschen zu schauen[70].

So schauend findet Iqbal in der Welt die großen Symbole seiner Botschaft: Symbole des Menschentyps, den er verkündet, sind ihm die Wüstentulpe[71] und der Königsfalke, von dem es in einem Gedicht heißt:

---

67 BD 84; vgl. BO 164.
68 BD 26.
69 *Faust* 9919/20.
70 AH 50.
71 BJ 122; BO 110.

Seit Urbeginn ist seine Natur einsiedlerisch[72].

Symbole für die Lebensreise sind Woge[73] und Wolke[74] oder das alte Bild der Karawane, das Iqbal in einem ebenfalls in der «Botschaft des Ostens» enthaltenen Karawanenlied beschwört[75]; versteht er sich doch selbst als ein Führer der Menschheitskarawane und vergleicht seine Dichtung gerne der zum Aufbruch mahnenden Karawanenglocke.

Auch Sonne, Mond und Sterne[76] werden zu solchen Symbolen. In manchen Gedichten redet der Dichter sie an oder läßt sich von ihnen anreden und gibt Antwort, so in einem tiefsinnigen Dialog zwischen der Nacht und dem Dichter[77], oder die Dinge reden miteinander, was mitunter auch in epigrammatischer Kürze geschehen kann, wie in dem folgenden kleinen Dialog zwischen Falter und Leuchtkäfer:

Falter:
Sehr fern vom Rang des Falters ist der Glühwurm:
Wie brüstet er sich denn mit glutlosem Feuer?
Glühwurm:
Gott, hundert Dank, daß ich kein Falter bin,
nicht fremden Feuer's Bettelgänger bin[78]!

Damit sind wir wieder beim Selbst, jenem zentralen Anliegen Iqbals, wie man überhaupt in seinem Werk immer die wenigen Grundgedanken und leitenden Ideen wiederfindet. Iqbal selber sah hier in schöner Bescheidenheit einen der Wesensunterschiede zwischen ihm und Goethe, wie es seine Feststellung bezeugt: «Erst als ich die Unendlichkeit der goetheschen Vorstellungskraft erkannte, wurde mir die Begrenztheit der eigenen klar[79].»

72 BJ 165.
73 S. Anm. 63.
74 S. Anm. 62.
75 PM 109; BO 160.
76 Vgl. Anm. 64 u. 65. Sterne: BD 115; 147; 148; 173; 215. Mond und Sterne: BD 119.
77 BD 182.
78 BJ 115.
79 *Gabriel's Wing* 331.

8

Fassen wir zusammen, welche Gemeinsamkeiten und welche Unterschiede wir bei unserem Vergleich zwischen Iqbal und Goethe feststellen konnten: Beide haben eine ähnliche Welt- und Menschensicht. Die Welt ist ihnen ein Erscheinungsort des Göttlichen, ein Schatzhaus von Symbolen, aus dem man durch rechtes Hinschauen mit dem Herzen ewige Wahrheiten lernen kann. Sie huldigen dem Typ eines tätigen, ständig emporstrebenden Menschen. Sie glauben an dichterische Inspiration und ein die ganze Welt durchwaltendes Prinzip der Liebe, wenn auch keiner von beiden dieses Prinzip so in ein philosophisches System verankert hat, wie das der Neuplatonismus in der Antike, und für unsere Epoche auf großartige, das moderne naturwissenschaftliche Weltbild einbeziehende Weise Teilhard de Chardin getan hat.

Hier aber enden auch die wesentlichen Gemeinsamkeiten bereits. Iqbal und Goethe stehen zwar äußerlich betrachtet in einer Umbruchsituation; aber es handelt sich hier und da nicht um die gleiche Weltstunde. Und vor allem, der «reine Osten» bedeutet für beide nicht das gleiche. Goethes «reiner Osten» existiert bloß als Idee. Seine Beschwörung dieses «reinen Ostens» ist, wie er selber es in der «Hegire» sagt, Flucht, Flucht in die Innenwelt, Abkehr von der Menge und der politischen Szene.

Iqbals «reiner Osten» dagegen ist für ihn politische Wirklichkeit. Seine «Botschaft des Ostens» ist bei aller oft hinreißenden poetischen Einkleidung religiös-politische, an die muslimischen Völker gerichtete Botschaft für heute und morgen.

Der Unterschied zwischen Iqbal und Goethe läßt sich aber auch an ihrem Verhältnis zum Neuplatonismus aufzeigen. Goethe sympathisierte in wachsendem Maße mit diesem Ideenreich, ohne sich dem System zu verschreiben, dem er vielmehr, wie allen andern Systemen, souverän gegenüberstand. Iqbal dagegen bekämpfte vehement eine von Neuplatonismus durchtränkte Tradition, von der er sich doch selber nicht voll zu lösen vermochte. Stärker, als er sich dessen bewußt war, blieben seine sprachlichen Mittel in diesem Kampf mit dem verquickt, was er bekämpfte. So weckt sein Ringen ein wenig die Vorstellung eines Tritons, der gegen das Wasser kämpft.

Weiter als Goethe ging Iqbal in seinem Versuch einer großangelegten schöpferischen Synthese östlichen und westlichen Gedankenguts. Was bei Goethe nur ein spätes, stark ästhetisch geprägtes Teilunterfangen im Rahmen einer von ihm angestrebten Weltkultur-Rezeption ist, zieht sich als beherrschendes Motiv durch das gesamte Oeuvre Iqbals. Doch hängt auch dies wieder mit der unterschiedlichen Weltstunde der beiden dichtenden Denker zusammen. Goethe, für dessen Zeitgenossen der Orient eine ferne, aber politisch kaum mehr gefährliche Verlokkung war, konnte über manche Schwäche des Orients, die er, wie die *Noten und Abhandlungen* zeigen, sehr wohl wahrnahm, lächelnd hinwegsehen. Iqbal dagegen mußte mit aller Schärfe die abendländischen Laster unter die Lupe nehmen, denn für ihn und seine Gemeinde war Europa eine existentielle Gefahr. Angesichts der Tatsache, daß Iqbal die alte, aus der mystischen Tradition und nicht zuletzt dem Neuplatonismus stammende Polarität von Liebe und Verstand, *eros* und *ratio,* auf den Gegensatz von Orient und Okzident übertrug und damit das spirituelle Erbe Europas für sich und seine Leser bis auf die wenigen Ausnahmen seiner Wahl quasi negierte, ist es eine letzte ironische Pointe in diesem hier behandelten Verhältnis, daß Goethes Orient-Bild von Sympathie inspiriert, Iqbals Europa-Bild dagegen von einem politisch-religiös gelenkten, aber in diesem Punkt nicht von Liebe geprägten Verstand konzipiert ist.

Muhammad Iqbal, der geistige Vater Pakistans

von Annemarie SCHIMMEL, Harvard

Vor hundert Jahren, am 9. November 1877, wurde der Mann geboren, den Pakistan als seinen geistigen Vater bezeichnet, der aber gleichermaßen in Indien verehrt, in Afghanistan und Iran als Dichter bewundert wird: Muhammad Iqbal.

1877 ist ein entscheidendes Jahr in der Geschichte des indo-pakistanischen Subkontinents: damals begann das von Sir Sayyid Ahmad Khan gegründete, von der islamischen Orthodoxie scharf angegriffene Anglo-Indian-College in Aligarh seine Tätigkeit. Es war auch das Jahr, in dem – nur wenige Tage vor Iqbal – der Aga Khan geboren wurde; ein Mann, dessen Weitblick die Neuorganisation der Ismaili-Gemeinschaft zu verdanken ist und der im Freiheitskampf der indischen Muslime wie auf internationalem Parkett eine wichtige Rolle spielte. Muhammad Ali Jinnah, der in den dreißiger Jahren zum politischen Führer der *Muslim League* und dann zum ersten Governor General des 1947 entstehenden Pakistan werden sollte, war nur wenige Tage vor Beginn des Jahres 1877, nämlich am 25.12.1876, zur Welt gekommen.

Man könnte leicht den Kreis weiter ziehen und Iqbal und seine beiden indo-muslimischen Zeitgenossen in die größere Gruppe derer einbeziehen, die, in jenen Jahren geboren, die heutige Welt weitgehend formen geholfen haben, sei es als Politiker (Adenauer, Churchill, Gandhi, Stalin), als Philosophen, Naturwissenschaftler und theologische Denker (Einstein, Teilhard de Chardin, Shri Aurobindo, Martin Buber) oder als Dichter (Thomas Mann, Hermann Hesse, Hugo von Hofmannsthal). Querverbindungen zwischen Iqbal und den meisten von ihnen lassen sich leicht herstellen.

1. Der historische Hintergrund

Freilich, die Lage in Britisch-Indien war zur Zeit von Iqbals Geburt prekärer als in den meisten anderen Teilen der Welt. Denn zwanzig Jahre zuvor hatte das indische Moghulreich endgültig aufgehört zu existieren, hatten die Muslime des Subkontinents ihre letzte politische Macht verloren. Diese Macht aber hatte seit mehr als tausend Jahren das Gesicht Indiens entscheidend geformt. Bereits im 7. Jahrhundert gab es muslimische Kaufleute, die, von Arabien und dem Irak kommend, sich an der Malabar-Küste niederließen; im Jahre 711 eroberte der damals siebzehnjährige Muhammad ibn al-Qāsim das untere Industal bis einschließlich Multan, und dieses Gebiet, welches den Südteil des heutigen Pakistan umfaßt, blieb ständig unter islamischer Herrschaft und wurde zu einer wichtigen Brücke, über die indische Wissenschaft ins Abbasidenreich gelangte. Um die Jahrtausendwende erschien Mahmud von Ghazna (st. 1030) mit seinen Heeren; aus Afghanistan in die Ebenen des Indus und seiner Nebenflüsse niedersteigend, führte er siebzehn Eroberungszüge im Subkontinent durch. Nordwest-Indien wurde bald zu einer Provinz der Ghaznawiden. Lahore entwickelte sich zu einem kulturellen Zentrum, in dem sich Dichter (Abu'l Faraj Runi, Mas'ud ibn Sa'd-i Salman) und Mystiker (Hujwiri) trafen und das mit Ghazna wettzueifern suchte. Ein besonders wichtiges Ergebnis der Feldzüge Mahmuds aber war das Werk des Gelehrten al-Biruni (st. 1048) über Indien, in dem erstmals eine fremde Kultur, Religion und Philosophie mit objektiver Treue dargestellt wird, obgleich der Verfasser die Unvereinbarkeit des hinduistischen und des muslimischen Lebensstiles deutlich aufzeigt. Das Buch erscheint uns Heutigen kostbarer denn die reichen Schätze, die Mahmuds Heere aus den Hindutempeln heimbrachten.

Neben Lahore war es Multan, wo sich das kulturelle Leben konzentrierte; die Stadt, für über hundert Jahre von der extrem-schiitischen Gruppe der Karmathen beherrscht, wurde im 12. und 13. Jahrhundert fast noch wichtiger als Lahore. Schon bald rückten die islamischen Heere weiter südostwärts; um 1200 wurde Delhi zur Hauptstadt eines blühenden Reiches, und gegen Ende des 13. Jahrhunderts erstreckte sich die muslimische Herrschaftssphäre bis nach Ostbengalen. Im Süden des Subkontinents bildeten sich gleichfalls muslimische Königreiche.

Die politische Eroberung ging parallel mit der geistigen; islamische mystische Führer, die – dem Beispiel des Data Ganj Bakhsh Hujwiri von Lahore (st. um 1071) folgend – gegen Ende des 12. Jahrhunderts nach Indien kamen, verbreiteten dort die Lehren der Gottes- und Menschenliebe. Bald kristallisierten sich Ordenszentren heraus, die zahlreiche Hindus anzogen. Die kulturpolitische Rolle der Chishtiyya, mit ihren Zentren in Ajmer im Herzen des eben eroberten Rajastan, wo Mu'inuddin Chishtis (st. 1236) Grab noch immer ein Zentrum frommer Pilgerfahrt ist, in Pakpattan im Panjab (Fariduddin Shakarganj, st. 1265) und in Delhi (Nizamuddin Auliya, st. 1325) ist nicht hoch genug einzuschätzen; der Orden dehnte sich später nach Südindien aus; dort vertrat erstmals Gisudaraz (st. fast hundertjährig 1422 in Gulberga) die asketische, doch der Musik und dem mystischen Reigen geneigte Chishti-Frömmigkeit. In Multan kristallisierte sich im 13. Jahrhundert die Suhrawardiyya um Baha'uddin Zakariya – ein Orden, der weltfreundlicher als die Chishtiyya war, aber Musik und Tanz ablehnte. Seine Mitglieder erreichten bald Bengalen, wo sie erfolgreich missionierten. Andere, weniger orthodoxe, doch noch heute tief verehrte Heilige (wie Lal Shahbaz Qalandar in Sehwan im Industal) erschienen zur gleichen Zeit auf der indo-islamischen Szene.

Es ist hier nicht der Raum, die wechselvolle Geschichte der muslimischen Herrschaft in Indien im Detail zu verfolgen. Die indo-muslimische Kultur des Nordwestens läßt den Betrachter allzuleicht die wichtigen und machtvollen südindischen Fürstentümer von Golkonda und Bijapur vergessen, deren Herrscher zum großen Teil der schiitischen Richtung des Islam angehörten und große Kunstmäzene waren, und man konzentriert sich in der Regel auf jene Epoche, die sprichwörtlich für Glanz und Pracht geworden ist, nämlich auf das Reich der Großmoghule, dessen Zentren in Delhi, Lahore und Agra lagen. Von Afghanistan kommend, gewann Babur, ein Nachkomme Timurs (der Nordwest-Indien 1398 mit seinen Heeren heimgesucht hatte), das Gebiet bis Delhi von den Lodi-Fürsten in der Schlacht von Panipat 1526. Baburs Enkel Akbar (reg. 1556–1605) gilt als der größte der Moghulherrscher; doch wird er von modernen pakistanischen Historikern kritisiert, da er versuchte, die Mehrheitsreligion des Landes, den Hinduismus, aufzuwerten und die starren Grenzen des Islam mit seinen religionspolitischen Experimenten zu überspielen. Akbars Leistungen zur Förderung der bildenden Künste und der Übersetzung zahlreicher Sanskritwerke ins Persische sind äußerst eindrucksvoll. Sein Sohn Jihangir (1605–1627) und sein Enkel Shah Jihan (1627–1658) führten den verfeinerten Lebensstil zu seinem Höhepunkt; der Reichtum an Miniaturen, Poesie und Preziosen aus jener Periode gipfelt in dem juwelgleichen Taj Mahal, als Grabmal für Shah Jihans Frau, die Mutter seiner vierzehn Kinder, erbaut. Doch machte sich in jenen Jahren eine Reaktion gegen die allzusehr in verschwommene mystische Einheitsgefühle abgleitende Haltung der Fürsten bemerkbar; Ahmad Sirhindi (st. 1624), der 'Erneuerer des zweiten Milleniums' (islamischer Zeitrechnung) versuchte mit seiner Reform, die sich auf den zentralasiatischen Naqshbandi-Orden stützt, wieder zu einer orthodoxeren Interpretation des Islam zu gelangen, die eine schärfere Abgrenzung gegen

Nichtmuslime, aber auch gegen die durch den Zuzug zahlreicher Perser immer wachsenden schiitischen Elemente einschloß. Iqbal besuchte Ahmads Grab 1934; denn seine religiös-politischen Gedanken sprachen ihn an, während er sich nicht mit den hochfliegenden mystischen Ansprüchen des Erneuerers auseinandersetzte. Shah Jihans Thronerbe Dara Shikoh versuchte noch einmal, die mystische Frömmigkeit seines Urgroßvaters Akbar zu beleben und u.a. durch seine persische Übersetzung der vedischen Upanishaden zu realisieren; doch sein jüngerer Bruder Aurangzeb verfolgte ihn und ließ ihn 1659 hinrichten, um selbst das gewaltige Reich zu regieren, das dann 1707 bei seinem Tode praktisch zusammenbrach – zu weit hatte er die Grenzen in immerwährenden Kämpfen gen Süden vorgeschoben, zu sehr durch seine Politik sich die Hindus und die wachsende Gemeinschaft der Sikh entfremdet.

So beginnt der Zerfall des Moghulreiches anderthalb Jahrhunderte vor seinem eigentlichen Ende: die Geschichte des 18. Jahrhunderts zeigt eine ununterbrochene Kette von Kriegen, Verwüstungen, innenpolitischen Verwicklungen, bis das Moghulreich zuletzt nicht viel grösser als das Gebiet um Delhi war. Die Perser unter Nadir Shah fielen 1739 in Nordwest-Indien ein und plünderten die Hauptstadt erbarmungslos; die Afghanen unter Ahmad Shah Abdali Durrani, von den Frommen in Delhi zur Hilfe gegen Mahratten und Sikh gerufen, erwiesen sich eher als beutegierig denn freundlich, und die einst so glänzende Hauptstadt wurde zu einem Trümmerfeld, in dem nur wenige Getreue ausharrten. Vom Geist der Naqshbandiyya geprägte Theologen mit mystischen Neigungen, wie Shah Waliullah (st. 1762) und der als Dichter berühmte Mir Dard (st. 1785) suchten die Bevölkerung zu einer verinnerlichten Interpretation des Pfades des Propheten aufzurufen; hier nimmt die *tarīqa muḥammadiyya,* der 'Muhammad-Pfad', seinen Anfang, dessen Anhänger in den ersten Jahrzehnten des 19. Jahrhunderts so leidenschaftlich gegen die Sikh und die Briten kämpften. Die Großen des Moghulhofes machten sich auf ihren früheren Lehenssitzen selbständig – der Dekkan wurde zur Domäne der Nizame von Hyderabad, Awadh, das Gebiet um Fayzabad und Lucknow, entwickelte sich unter seinen Nawwabs (seit 1820 Königen) zu einem Zufluchtsort für zahllose Dichter und Künstler. Inzwischen hatten die Briten, die den Portugiesen, Holländern und Franzosen in ihren Angriffen auf den reichen Subkontinent gefolgt waren, langsam aber sicher Boden gewonnen, seit sie 1757 ihren ersten großen Sieg in der Schlacht von Plassey in Bengalen errungen hatten. Zielstrebig baute die British East India Company ihren Landbesitz und ihre Vorrechte im Lande aus, bis sie 1803 praktisch alle Macht im nur noch dem Namen nach bestehenden Moghulreich übernahm. Mit dem vergeblichen Versuch eines Teiles der indischen Armee, sich 1857 zu erheben und den greisen Moghulherrscher Bahadur Shah Zafar an die Spitze der Aufständischen zu stellen, brach das Reich endgültig zusammen; die britische Krone übernahm 1858 die Herrschaft.

Die Muslime mußten sich nun völlig umstellen, nachdem sie schon in den vorausgegangenen Jahrzehnten vor das Problem gestellt waren, sich mit neuen Formen von Jurisdiktion und Erziehung auseinanderzusetzen. Denn bereits 1835 war durch den Macauley-Erlaß die bis dahin in Indien verwendete persische Verwaltungssprache durch das Englische ersetzt worden; die Briten interessierten sich daneben für die Regional- und Umgangssprachen des Landes (Urdu, Sindhi, Pashto, Bengali, u.a.)

Das muslimische Indien besaß ein außerordentlich reiches literarisches Erbe: seit der Frühzeit, aber noch bis in unser Jahrhundert war Arabisch die Sprache der Theologie und Philosophie; im Dekkan gab es im 17. Jahrhundert ganze Gruppen arabischer Dichter; je eines der ersten in Lucknow auf der frisch importierten Druckerpresse mit beweglichen Lettern gedruckten Bücher ist ein arabisches Unterhaltungswerk, *al-manāqib al-ḥaydariyya* (1821). Persisch war seit der Ghaznawidenzeit die Sprache der Literatur und des Hoflebens, und die Menge der in Indien verfaßten persischen Werke, sei es Geschichtsschreibung, sei es Poesie, übertrifft bei weitem die der in Iran selbst verfaßten Bücher. Der 'indische Stil' der persischen Dichtung, der seit dem späten 16. Jahrhundert in Mode kam, ist äußerst kompliziert und wird daher von den Dichtern Irans meist abgelehnt. Dennoch sind gerade in diesem Stil einzelne Werke von hoher Qualität und großer Schönheit entstanden; die Namen ᶜUrfis (st. 1592), Kalims (st. 1645) und vor allem Mirza Bedils (st. 1721) stehen für bedeutende poetische Leistungen. Persisch blieb die Sprache der kultivierten Inder (selbst die Hindus gebrauchten es vortrefflich) im ganzen 19. Jahrhundert, und persische dichterische Diktion hat auch die Literaturen in anderen von Muslimen verwendeten indischen Sprachen beeinflußt. – Das Türkische war im Lande ebenfalls bekannt; die Moghulherrscher selbst sprachen und schrieben es (wie am besten aus Baburs bezaubernder Autobiographie zu sehen ist), und da seit dem Mittelalter eine bedeutende Anzahl von Offizieren aus dem zentralasiatischen Bereich kam, blieb Türkisch bis in die späte Moghulzeit der Aristokratie wohlvertraut. Daneben entwickelte sich eine *lingua franca,* die Elemente der indischen Volkssprache mit arabischen, persischen und einigen türkischen Elementen verband; sie wurde *rēkhta* 'gemischt' genannt und erhielt im 18. Jahrhundert die allgemeinere Bezeichnung Urdu, die Sprache des erhabenen Heerlagers *(ordū-yi mu'allā)*. Als literarisches Medium tritt Urdu zunächst in Südindien auf, wo es die als *Dakhni,* 'südlich' bezeichnete Form annimmt; im 17. und 18. Jahrhundert entstand eine umfangreiche Literatur zunächst religiösen, dann weltlichen Charakters in Golkonda und Bijapur. Seit Beginn des 18. Jahrhunderts wurde diese Sprache auch in Nordwest-Indien für literarische Zwecke verwendet – es ist, als hätten die Dichter in jener Zeit des Zusammenbruchs des Moghulreiches ein frisches literarisches Medium benötigt, das ihnen neue Ausdrucksmöglichkeiten eröffnete. Delhi war das erste Zentrum dieser rasch sich entwickelnden Poesie, an deren Formung Männer wie der Mystiker Khwaja Mir Dard (st. 1785), der scharfzüngige Satiriker Sauda (st. 1781), der Lyriker Mir Taqi Mir (st. 1810) und der Romantiker Mir Hasan (st. 1786) entscheidend beteiligt waren. Die Sprache wurde dann am lebenslustigen Hofe von Lucknow noch weiter poliert, um die Reize anmutiger Damen recht besingen zu können. Aber man lernte auch, in ernsteren Tönen *marthiyas* zu komponieren, Klagelieder über das traurige Geschick des Prophetenenkels Husain, der im Muharram 680 in der Schlacht von Kerbela getötet worden war und dessen Tod seit Jahrhunderten von den Muslimen schiitischer Richtung beklagt wurde. Es war eben die Form der *marthiya,* wie sie sich in Lucknow aus viel früheren Anfängen entwickelte, die zur Grundlage für die moderne Urdu-Dichtung werden sollte: die hier gebrauchte sechszeilige Strophe, *musaddas,* wurde als Vehikel empfunden, in dem man erhabene und rührende Gedanken am besten ausdrücken konnte; daher wurde sie gern von jenen Dichtern des muslimischen Indien verwendet, die nach 1857 ihren Hörern ein neues Weltgefühl vermitteln wollten.

Denn mit der 'Mutiny' war eine veränderte Situation eingetreten: die Muslime hatten sich zu entscheiden, ob sie den alten Formen und Traditionen treu bleiben und sich damit in völlige Isolation begeben und von den Möglichkeiten westlicher Bildung (damit auch von Anstellungschancen) ausschließen wollten, oder ob sie einen neuen Weg zur Erneuerung des islamischen Lebens mit Hilfe moderner Wissenschaft finden konnten. Die Angriffe christlicher Missionare gegen den Islam und vor allem gegen seinen Propheten Muhammad resultierten verständlicherweise in einer neuen Hinwendung der Muslime zur Person des Propheten; deshalb erschienen seit dem Ende des 19. Jahrhunderts ungezählte Studien, Bücher und Pamphlete über Muhammad, der nun nicht mehr nur, wie in der jahrhundertealten Tradition, als mystisches, fast mythisches Modell aller Tugenden gepriesen wird, sondern nun auch als praktischer politischer Führer, als sozialer Reformer, als der eigentliche Vertreter des Fortschritts von den unter der Fremdherrschaft stöhnenden Muslimen Indiens entdeckt wurde. Man besann sich auf die Werte der eigenen Kultur und rühmte sich wieder der großen Leistungen der Muslime in der Vergangenheit – nicht umsonst spielt das islamische Spanien eine so wichtige Rolle in der indo-muslimischen Literatur der Jahre zwischen 1890 und 1940. Die neu entstehende Prosaliteratur produzierte in erster Linie erzieherische Novellen und Romane, die in epischer Breite Probleme der Polygamie, die Notwendigkeit der Mädchenerziehung und ähnliche Themen behandeln. Englische Romane waren die Vorbilder für diese Art Literatur, und unter dem Einfluß viktorianischer Dichtung verwarf man die Poesie vergangener Jahrhunderte, die sinnlich lockenden Beschreibungen der Frauen, wie sie in der Lucknower Schule vorherrschten, lehnte aber auch die mystisch verträumten oder sprachlich allzu komplizierten, ausschließlich ästhetisch zu wertenden Verse früherer Dichter ab, und versuchte statt dessen in einfachem Stil zu schreiben und die Dichtung zu einem Erziehungsmittel zu machen. Daß viele dieser Versuche nicht über rein didaktische Verse ohne größeren poetischen Reiz hinausgehen, versteht sich von selbst; es gab auch immer noch genug Dichter, die sich ganz der ererbten Form des Ghasels oder des geistreichen Vierzeilers widmeten. Zwei Jahre nach Iqbals Geburt aber erschien ein Gedicht, das eine neue Periode der Urdu-Poesie einleitete und die Muslime Indiens tief beeindruckte: es ist Halis (st. 1914) *Musaddas,* (Gedicht in sechszeiligen Strophen), das die 'Ebbe und Flut der islamischen Geschichte' besingt und so die Muslime mit der trüben Gegenwart und der glänzenden Vergangenheit des Islam bekannt macht. Hali war ein Freund und Mitarbeiter von Sir Sayyid Ahmad Khan (st. 1898), dem Gründer des anfangs genannten Anglo-Muslim College in Aligarh, das sich zu einer Zelle der indischen Freiheitsbewegung entwickeln sollte. Sir Sayyids Religiosität freilich war recht rationalistisch und läßt die mystische Komponente, die große Teile des indischen Islam so stark färbt, zumindest in seinen späteren Werken außer acht. Die islamische Orthodoxie, so wenig mystisch ihre Vertreter gesonnen sein mochten, war Sir Sayyid ebenfalls feindlich gesonnen, da er ihr zu weit westlichen Ideen entgegenkam und das Heil scheinbar ganz von westlicher Bildung erhoffte. Noch war das Erbe der indo-muslimischen Reformtheologen von Delhi, der schon erwähnten Naqshbandi-Mystiker des

18. Jahrhunderts, lebendig, in dem sich tiefe Verehrung des Propheten mit einer auf islamischen Wurzeln beruhenden Neuinterpretierung des Koran und einer aus dem frühen Islam stammenden, nicht-quietistischen Haltung vereinten. Die Delhier Mystiker, die zur Zeit des wachsenden Fremdeinflusses in Indien gelebt und gelehrt hatten, waren wohl die ersten gewesen, die jene Identitätskrise erlebten, der die Muslime am Ende des 19. Jahrhunderts noch stärker ausgesetzt waren, da der Einfluß überwältigender technischer und wissenschaftlicher Neuheiten von Jahr zu Jahr zunahm.

2. Iqbal

Dies ist der Hintergrund, von wo aus wir Iqbals Rolle und sein Sendungsbewußtsein verstehen sollten. Der Knabe, 1877 in Sialkot im nördlichen Panjab in einer Kashmiri-Familie geboren, die erst vor wenigen Generationen zum Islam übergetreten war, besuchte zunächst die Schule in seiner Heimatstadt und bezog dann das College in Lahore. Dort hatte er das Glück, den Orientalisten Sir Thomas Arnold zum Lehrer zu haben. Schon früh machte sich Iqbal einen Namen als Urdu-Dichter; seine ersten Gedichte umfassen Nachdichtungen aus dem Englischen, Lieder an die indische Jugend und ähnliches. 1905 begab sich Iqbal nach England, und es war diese Reise nach Europa, die sein Weltbild entscheidend formte. Der junge gelehrte Dichter studierte in Cambridge; unter seinen Lehrern war der Neu-Hegelianer McTaggarth, und Iqbals frühe Schriften zeigten seine Bewunderung der Hegelschen Philosophie, die er später als abstrus ablehnte. Er studierte auch Jura in London, so daß er nach seiner Rückkehr nach Lahore den größten Teil seines Lebens als Rechtsanwalt tätig war. Von England ging Iqbal nach Heidelberg, um dort Deutsch zu lernen; seine Gefühle sind am besten in dem Gedicht *Ek shām*, 'Ein Abend am Ufer des Neckar' wiedergegeben, das deutlich von Goethes 'Wanderers Nachtlied' beeinflußt ist. 'Er war ganz und gar für deutsche Bildung', schreibt Atiya Begum, die geistreiche Inderin, die ihn in Deutschland oft begleitete. Von Heidelberg aus ging Iqbal nach München und wurde dort von dem Semitisten Friedrich Hommel im November 1907 promoviert; seine Dissertation *The Development of Metaphysics in Persia* ist ein interessantes Werk, in dem zwar seine Hegelschen Neigungen deutlich sichtbar sind, das aber schon Ansätze zu seiner späteren Philosophie, vor allem sein Interesse am psychologischen Verständnis religionsgeschichtlicher

Phänomene zeigt. 1908 kehrte Iqbal nach Lahore zurück, und seine Notizbücher *(Stray Reflections)* von 1910 zeigen ihn in der Zeit des geistigen Umbruchs. Er hatte in Europa nicht nur, wie viele andere, besonders Sir Sayyid, die glänzende Oberfläche gesehen, sondern auch die Gefahren bemerkt, die hier lauerten – seien es Kapitalismus, Kommunismus, oder Frauenemanzipation. Die *Stray Reflections* erlauben uns, Iqbals unermeßliche Verehrung für Goethe zu erkennen, aber auch seine Neigung zur vitalistischen Philosophie, die in den folgenden Jahren immer wichtiger für ihn werden sollte. Bergson und Nietzsche faszinierten ihn, und während des Balkankrieges erschien das große Urdu-Gedicht, das sich formal an Halis *Musaddas* anlehnt, nämlich *Shikwā,* die 'Klage' über den elenden Zustand der Muslime. Diesem Gedicht folgte bald die 'Antwort auf die Klage', in der Gott den Muslimen ihre Laxheit und Faulheit vorhält und ihnen zeigt, daß sie gar kein besseres Los verdienen als unterdrückt zu sein. Mit diesen Gedichten schlägt Iqbal erstmals Töne an, die sein Werk in den kommenden Jahrzehnten bestimmen sollten.

1915 erschien sein erstes persisches Dichtwerk, die *Asrār-i khūdī,* 'Geheimnisse des Selbst', geschrieben, wie alle seine Mathnawis (Gedichte in Doppelreimen) im Metrum des *Mathnawī-yi ma'nawī* von Jalaluddin Rumi, dem großen persisch schreibenden Mystiker des 13. Jahrhunderts, der von nun an Iqbals Führer auf dem Pfade zur Verwirklichung werden sollte. Das besagt aber nicht, daß Iqbal seine eingeborene mystische Neigung vertieft und, dem Beispiel tausender von Persisch oder Urdu schreibenden Dichtern folgend, die Liebessehnsucht der Seele, die allumfassende Einheit des göttlichen Geliebten besungen hätte. Im Gegenteil, was er von Rumi übernimmt, sind Züge einer sehr personalistischen, lebendigen, suchenden und aktiven Frömmigkeit, die nun zum Kennzeichen all seiner Poesie wird. In den *Asrār* greift er die quietistische Mystik mit solch harten Worten an, daß selbst seine Freunde schockiert waren; es ist nicht mehr das liebende Aufgehen des Tropfens im göttlichen Ozean, das hier als Ideal dargestellt wird, nicht mehr das selige Verlöschen in der Vereinigung, das freudig auf sich genommene Leiden auf dem Wege zur Entselbstung, – nein, Iqbal ruft in diesem Werk seine Mitmenschen auf, ihre Persönlichkeit zu stärken, zu kämpfen und durch ständigen Kampf zu wachsen, um so wahre 'Menschen' zu werden. Man hat sowohl im Orient wie im Okzident in diesem Gedichtswerk Spuren von Nietzsches Philosophie sehen wollen; aber die Lage ist nicht so einfach. Gewiß übernimmt Iqbal Nietzsche'sche Formulierungen und Bilder, aber sein Ideal, der *mard-i mō-*

min, der wahre Gläubige, ist gerade das Gegenteil von Nietzsches Übermenschen; denn dieser soll ja erst erscheinen, wenn 'Gott tot ist', während Iqbals Vollkommener Mensch immer mehr wächst, je näher er Gott kommt. Der Idealtyp des Menschen in vollkommenster Ausprägung ist für Iqbal wie für Millionen von Muslimen der Prophet Muhammad, der die größtmögliche Nähe zu Gott erreicht hat und dennoch *ᶜabduhu*, 'Gottes Diener' bleibt, wenngleich er ohne Schleier Zwiesprache mit Gott halten kann. Man mag diese Haltung als voluntaristische Mystik bezeichnen; sie steht in vieler Hinsicht der klassischen islamischen Mystik mit ihrer aktiven Frömmigkeit näher als den theosophischen Spekulationen Ibn ᶜArabis (st. 1240), dessen oft neuplatonisch anmutendes System seit dem ausgehenden 13. Jahrhundert die ganze islamische Welt tief beeinflußt hatte. Iqbals frühe Bewunderung für Ibn ᶜArabi und Hegel hat in den *Asrār* Platz gemacht für eine nicht-gnostizistische Weltschau, eine praktische Frömmigkeit, in der der Mensch sich wieder darauf besinnen soll, daß er nach der Aussage des Korans als Gottes *khalīfa*, Gottes Stellvertreter und Beauftragter, verantwortlich auf Erden wirken soll und am Jüngsten Tage wieder gefragt werden wird, wie er mit seinem Pfunde gewuchert hat. Solche Gedanken waren für die an süsse, schmelzende persische Unendlichkeits- und Liebesmystik gewöhnten Leser im Subkontinent, aber auch in Europa, neu und erschreckend. Sie stehen jedoch ganz in einer Reihe mit gleichzeitigen europäischen philosophischen Strömungen, die das menschliche Ich in den Mittelpunkt stellen (etwa Max Stirner, Maurice Barrès u.a.). In Iqbals Vorstellung ist jedoch immer der Bezug des Menschen auf Gott das zentrale Anliegen. Wir werden bei der Beurteilung seines Menschenbildes auch daran denken müssen, daß die Sufis in alter Zeit ihre nicht eingeweihten Mitmenschen, die breiten Massen, gern mit koranischen Worten als 'wie Vieh, nein noch irrender' (Sura 7/139) bezeichnet und immer nach dem wahren Gottesmann gesucht hatten – Iqbal hat Maulana Rumis Verse von dem Meister, der mit der Laterne einen 'Menschen' suchte, mehrfach in seinem Werk wiederholt.

Dem Lobpreis der menschlichen Persönlichkeit (hören wir nicht Goethes Worte aus dem *West-östlichen Divan*:

> Höchstes Glück der Erdenkinder
> sei nur die Persönlichkeit. . . ?)

folgen zwei Jahre später die *Rumūz-i bēkhūdī*, die 'Mysterien der Selbstlosigkeit', in dem die Pflichten des sich vervollkommenden Individuums in der idealen Gesellschaft beschrieben werden. Dies ist Iqbals persische Dichtung, die am meisten auf koranische Aussagen und Überlieferungen des Propheten Bezug nimmt und die ideale islamische Gemeinschaft poetisch schaut, ohne jedoch praktische Lösungen anzubieten. Für Iqbal sollten die Muslime das Ideal des Islam als einer Einheitsreligion verwirklichen: *eine* einzige Nation, die den *einen* einzigen Gott verehrt, sich auf sein *eines* Buch, den Koran, stützt, seinem letzten Propheten folgt, sich nach *einer* Gebetsrichtung, Mekka, ausrichtet und so zum lebenden Zeugnis des Einheitsbekenntnisses wird. Und wie Muhammad als letzter der Propheten 'als Barmherzigkeit für die Welten' (Sura 21/107) gesandt ward, so soll die von ihm geformte Gemeinschaft sich ebenfalls als 'Barmherzigkeit für die Welten' erweisen.

Die beiden persischen *Mathnawis* wurden während des Weltkrieges veröffentlicht, als sich die Muslime Indiens in einem schweren Dilemma befanden. Waren doch die Türken, an deren Spitze der Kalif stand, auf der Seite der Mittelmächte in den Krieg getreten, so daß Muslime gegen Muslime kämpfen mußten. Diese Situation, zusammen mit der wachsenden Sehnsucht der Inder, sich von der britischen Herrschaft zu befreien, führte zu einer engeren Zusammenarbeit zwischen Hindus und Muslimen, und nach dem Kriege war die auch von Gandhi unterstützte Kalifatsbewegung, die sich an der Gestalt des türkischen Herrschers der Gläubigen orientierte, die erste organisierte Freiheitsbewegung in großem Stil. Freilich brach die Kalifatsbewegung zusammen, als Mustafa Kemal (Atatürk) 1924 das Kalifat abschaffte und die türkische Nationalversammlung die gesetzgebende Funktion in der neuen Türkei übernahm. Das führte wiederum zu einem Auseinanderfallen der beiden Religionsgemeinschaften im Subkontinent.

In den Nachkriegsjahren, da zahlreiche prominente Muslimführer Indiens gegen England arbeiteten, wurde Iqbal von der britischen Krone geadelt. Zu dieser Zeit schrieb er an einem Werk, das für den deutschen Leser von besonderem Interesse ist, nämlich dem *Payām-i Mashriq,* 'Botschaft des Ostens', das er als Antwort auf Goethes *West-östlichen Divan* auffaßte. Iqbals Bewunderung für Goethe war grenzenlos, wie er schon in den *Stray Reflections* bemerkt hatte:

> Unsere Seele entdeckt sich selbst, wenn wir mit einem grossen Geist in Berührung kommen. Erst als ich die Unendlichkeit von Goethes Phantasiekraft begriffen hatte, entdeckte ich die Enge meiner eigenen.

Ähnlich drückt er sich im Prolog dieses persischen Gedichtbandes aus, den er dem reformfreudigen König von Afghanistan, Amanullah, widmete. Die 'Botschaft des Ostens' beginnt mit einer Sammlung von Vierzeilern *Lāla-yi Tūr,* 'Tulpe des Sinai' – war doch die Tulpe, die Blume der Steppe, die flammengleich leuchtet, Iqbals Lieblingspflanze, die er der zahmen, in wohlgeordneten Gärten wachsenden Rose vorzog (wie ihm auch der Falke als Symbol lieber war als die traditionelle Nachtigall). Dann folgt eine Gruppe von Gedichten in europäischen Formen, in denen die Rolle des schöpferischen liebenden Menschen, sein erfolgreicher Kampf mit Satan und ähnliche Themen besungen werden. Eine Reihe von Ghaselen bildet das Zentrum, in denen unter Verwendung traditioneller Formen und Motive typisch Iqbalsche modernistische Gedanken vorgetragen werden. Im 'Bild der Franken' sucht der Dichter in knappen Versen europäische Dichter, Philosophen und Politiker zu charakterisieren, wobei seine Palette von Karl Marx bis Kaiser Wilhelm, von Tolstoy bis Petöfi reicht. Den Abschluß bilden einige 'Splitter'. Das Werk, auf das R.A. Nicholson, Iqbals erster verdienstvoller Übersetzer, 1925 aufmerksam gemacht hatte, wird von einer kurzen Urdu-Darstellung der orientalischen Strömung in der europäischen Literatur eingeleitet. Als einzige Antwort eines islamischen Dichters auf Goethes Werk ist die 'Botschaft des Ostens' besonders wichtig; sie enthält auch einige der feinsten Gedichte Iqbals. Der Höhepunkt scheint mir erreicht zu sein, wenn Iqbal in einem kurzen Gedicht seine beiden Meister, den Deutschen Goethe und den persischen Mystiker Jalaluddin Rumi sich im Paradies treffen läßt – beide 'haben ein Buch, obgleich sie keine Propheten sind'. Denn Goethes Faust – der nach Iqbals Meinung 'individualisierte Menschheit' ist und dem göttlichen Schöpfungswerk kaum nachsteht, war für ihn der beste Ausdruck seines eigenen Ideals: des immer strebenden Menschen; und sein Iblis, Satan, hat nicht wenige Züge vom Goetheschen Mephistopheles übernommen.

Etwa gleichzeitig mit der 'Botschaft des Ostens' gab Iqbal seine bis dahin erschienenen Urdu-Gedichte unter dem Titel *Bāng-i Darā* heraus; der Titel 'Ruf der Karawanenglocke' deutet an, wie sich der Dichter selbst sah: als laut rufende Glocke, die den irregegangenen Muslimen den Weg zum Zentralheiligtum des Islam, zur Kaaba in Mekka zeigen wollte, nachdem sie sich entweder in den duftenden mystischen Rosengärten Irans in unproduktive Träume gewiegt oder sich in der lockenden glitzernden Welt Europas verlaufen hatten – Gedanken, die immer wieder in seiner Dichtung auftauchen.

1927 erschien ein neuer persischer Gedichtband, *Zabūr-i ᶜadscham,* 'Persischer Psalter', der einige der schönsten und stärksten Gebetsgedichte Iqbals enthält; sein Schlußteil, der 'Neue Rosengarten des Geheimnisses' greift das Thema eines mittelalterlichen mystischen Traktates, des *Gulshan-i rāz* von Shabistari (st. 1321) auf und beantwortet Fragen nach dem Wesen Gottes, des Menschen, der Schöpfung im Iqbalschen Sinne.

Zur gleichen Zeit beschäftigte sich Iqbal mit politischen Problemen; denn die Spannungen zwischen Hindus und Muslimen waren von neuem aufgeflammt, und eine Polarisierung zwischen den Mitgliedern der 1885 gegründeten *Congress Party* und der 1906 in Dacca gegründeten *Muslim League* zeichnete sich ab, obschon auch in der *Congress Party* zahlreiche Muslime vertreten waren. In eben diesen Jahren arbeitete Iqbal, der außer seinen Gedichten hin und wieder englische Aufsätze veröffentlicht hatte, an einem neuen großen Werk, dessen Gedanken er zunächst in Vorlesungen an verschiedenen indischen Universitäten darlegte. Es sind die *Six Lectures on the Reconstruction of Religious Thought in Islam,* später durch ein siebentes Kapitel: *Is Religion possible?* erweitert. In diesen Vorlesungen entwirft er das Bild eines modern interpretierten Islam, den er mit den verschiedensten Mitteln europäischer Philosophie und Psychologie zu erläutern sucht. Die *Lectures* sind in Europa verschieden beurteilt worden; von völliger Ablehnung ihrer kühnen Verbindungen islamischer und westlicher Elemente bis zu enthusiastischer Begeisterung über die neuartige Interpretation des Islam reichen die Stimmen. Das Buch mit seinem an deutscher Philosophie geschulten Stil ist nicht leicht zu lesen; aber selbst der Nicht-Philosoph wird zugeben, daß manche Kapitel – so das über mystische und prophetische Frömmigkeit oder über das Gebet – von großer Tiefe und Schönheit sind, und hier wie in Iqbals Dichtung zeigt sich eine erstaunliche intuitive Kenntnis europäischer philosophischer Strömungen, die Iqbal aus seiner eigenen Lektüre in den zwanziger Jahren kaum bekannt gewesen sein können. Der Historiker der Philosophie wird jedenfalls viel Interessantes und manchen überraschenden Ausblick auf europäisches Denken in dieser Auseinandersetzung eines gläubigen Muslims mit westlichen Methoden und Gestalten finden. Doch sollte man die *Six Lectures* niemals isoliert, sondern immer im Zusammenhang mit Iqbals Dichtung lesen. Denn er war, trotz aller Gelehrsamkeit, kein systematischer Philosoph; man könnte ihn eher als poetischen Philosophen oder philosophischen Poeten bezeichnen; in beiden Fällen aber ist das 'prophetische' Element in seinem Denken bestimmend, ein Element der Zusammenschau und Synthese, das er selbst in seinem Werk mit dem Wort *ᶜishq,* 'dynamische Liebe', benannt und dem zerstörerischen, rein analytischen, 'satanischen' Intellekt gegenübergestellt hat.

Zwei Jahre, nachdem Iqbal seine Vortragsreise durch Indien unternommen hatte, trat er auch politisch hervor: in seiner berühmten Rede in der Jahresversammlung der *All India Muslim League* in Allahabad im Dezember 1930, die eine ausführliche Darstellung der geschichtlichen Situation der indischen Muslime bietet, sprach er zum erstenmal den Wunsch aus, daß die Muslime des Subkontinents in einer bestimmten Zone, dem Nordwesten, einen Mehrheitsstaat bilden sollten, um so im islamischen Geiste leben und wirken zu können. Das Ideal dieses Staates, dessen geographische Mehrheitsverhältnisse er mit Hilfe eines längere Zeit in seinem Hause wohnenden deutschen Geographen ausgearbeitet hatte, umfaßt Sind, Balochistan, das nordwestliche Grenzgebiet und den Panjab. Ost-Bengalen wurde erst später in den Plan der *Muslim League* einbezogen. Damit war zum ersten Mal das Bild des Landes, das siebzehn Jahre später als Pakistan entstehen sollte, öffentlich vorgezeichnet. Hatte Iqbal nicht schon 1910 notiert:

> Nationen werden geboren in den Herzen der Dichter; sie gedeihen und sterben in den Händen der Politiker.

Wenig später wurde Iqbal eingeladen, an der *Round Table Conference* in London teilzunehmen; er tat das in zwei aufeinanderfolgenden Jahren. Auf dem Rückweg 1931 besuchte er Jerusalem, wo er an der *World Muslim Conference* teilnehmen konnte; im folgenden Jahr nahm er den Weg über Frankreich, um den von ihm tief verehrten Henri Bergson zu sehen, ferner den französischen Orientalisten Louis Massignon, dessen Interpretation des Lebens und Sterbens des Märtyrermystikers Hallaj (hingerichtet 922 in Bagdad) Iqbal zutiefst bewegt und angeregt hatte. Er besuchte auch Spanien; sein Gebet in der Großen Moschee von Cordova inspirierte ihn zu einem seiner schönsten Urdu-Gedichte. Italien lag ebenfalls auf seiner Reiseroute – Iqbal hatte anfangs Mussolini verehrt, wandte sich aber bei Ausbruch des Abessinienkrieges von ihm ab. Im Herbst 1933 fuhr der Dichter nach Afghanistan, um Besprechungen über die Gründung der Universität Kabul zu führen. Sein Besuch in Ghazni, dem alten Zentrum islamischer Kultur und Sitz des Eroberers Mahmud von Ghazna und ungezählter Dichter, regte ihn zu einem kleinen persischen Gedichtwerk, *Musāfir,* 'Der Reisende', an, das fast gleichzeitig mit einem anderen persischen Bändchen erschien, das den bezeichnenden Titel *Pas che bāyad kard* trägt – 'Was soll nun getan werden, o Völker des Ostens?' Hier singt Iqbal noch einmal von dem Ruhm des frühen Islam und trägt seine Ideen von der idealen 'Armut' *faqr,* vor, die bedeutet, um nichts zu bitten, und daher von niemandem abhängig zu sein.

Bevor aber diese beiden schmalen persischen Bändchen erschienen, hatte Iqbal 1932 sein magnum opus in Persisch veröffentlicht, das *Jāvīdnāme,* 'Buch der Ewigkeit', das seinem jungen Sohn Javid gewidmet ist. Dieses Mathnawi, von lyrischen Gedichten unterbrochen, schildert, wie der Dichter in Begleitung Jalaluddin Rumis durch die Sphären reist und überall Philosophen, Dichtern, Politikern begegnet, mit denen er seine Probleme diskutiert. Anklänge an Dantes *Divina Commedia,* an Miltons *Paradise Lost,* an Goethes *Faust* sind ebenso vorhanden wie an die mittelalterlichen islamischen Schilderungen der Himmelsreise des Propheten. Der Höhepunkt ist sicherlich die Szene im Jupiter-Himmel, wo der Dichter drei 'Ketzer' trifft: den Märtyrermystiker Hallaj, die Märtyrerin des Babi-Glaubens, Tahira Qurrat ul-ᶜAin, die 1852 in Iran hingerichtet worden war, und Mirza Asadullah Ghalib (st. 1869), den letzten klassischen Dichter des islamischen Indien, der ein umfangreiches persisches Werk und eine exquisite kleine Gedichtsammlung in Urdu hinterlassen hat. Ghalib, dessen Einfluß schon in Iqbals frühesten Gedichten erkennbar ist (wo er mit Goethe konfrontiert wird), erscheint auch in den *Stray Reflections* als einer der guten Geister, die den Dichter während seines Europaaufenthaltes seelisch gestärkt hatten. Mit diesen drei Personen wird nun das Geheimnis der aktiven, leidensbereiten Liebe diskutiert, und die Hallaj in den Mund gelegten Verse über die Rolle des Propheten, der der vollkommene Diener Gottes *(ᶜabduhu)* und gleichzeitig ein jenseits von Zeit und Raum stehendes Wesen ist, gehören zu den feinsten Prophetenhymnen in persischer Sprache. Am Ende der Szene aber erscheint Iblis, Satan, der Fürst der Schismatiker, der in Iqbals Werk eine außerordentlich wichtige Rolle spielt: in der Nachfolge Hallajs erscheint er manchmal als der große Liebende und Asket, der es vorzog, von Gott für immer verflucht zu werden statt dem göttlichen Befehl zu gehorchen, sich vor dem staubgeschaffenen Adam niederzuwerfen (vgl. Sura 2/29f.) – denn Gott hatte ja *gewollt,* daß man sich nur vor Ihm beugen solle. Iblis wird so, in einer bestimmten Traditionslinie der islamischen Mystik, gewissermaßen 'monotheistischer als Gott selbst' (so H. Ritter); er wird auch zum Muster des wahren Liebenden, der die Trennung, die der Geliebte will, der Einigung vorzieht, die er selbst ersehnt. Freilich bedeutet Iblis in Iqbals Werk noch mehr – durch Adams Verführung hat er den Menschen aus dem friedvollen, lieblichen prälogischen Paradies verjagt und ihm dadurch die Möglichkeit zur Entfaltung seiner Kräfte gegeben, die im Kampf mit den satanischen Versuchungen immer stärker werden, bis er – wie Iqbal in der 'Botschaft des Ostens' gesungen hatte – am Ende der Zeiten Iblis so völlig überwindet, daß dieser nun die Prosternation nachholt, die er zu Beginn der Zeiten verweigert hatte. Im *Javidname* freilich klagt Iblis, daß der Mensch ihm viel zu gehorsam sei, ja, daß er Mühe habe, sich vor dem Menschen zu retten, der allzuleicht in seine Schlingen falle, während er, Iblis, sich doch danach sehnt, vom Vollkommenen Menschen endlich unterworfen und so von seinem Fluch befreit zu werden. . .

Daneben enthält das *Javidname* höchst interessante Hinweise auf den Unterschied zwischen prophetischer und mystischer Frömmigkeit, exemplifiziert an Zarathustras Versuchung durch Ahriman, der ihn zur mystischen Ruhe locken will. Angriffe gegen europäische Feministinnen, die die friedvollen Gefilde des Mars mit ihrem Programm der Männerfeindlichkeit und Familienplanung zu verderben suchen, stehen neben Betrachtungen über die politische Lage der Türkei und Persiens. An der Schwelle zur Göttlichen Gegenwart verläßt Rumi seinen modernen Jünger, denn das Gespräch zwischen der menschlichen und der göttlichen Person ist nur dem Einzelnen zugänglich; Iqbal aber fragt selbst die Stimme der göttlichen Schönheit noch, wann eine Revolution die Muslime endlich zu einem neuen, hoffnungsvollen Leben führen wird. – Im *Javidname* ist die ständige Höherentwicklung der menschlichen Persönlichkeit treffend symbolisiert; der Mensch, der sein Wesen wahrhaft gestärkt hat, ist allein imstande, den Schock des Todes zu überwinden und auch in der rein geistigen Welt immer weiter zu wachsen, immer tiefer in die unendlichen Tiefen des göttlichen Lebens einzudringen. Für den wahrhaft Gläubigen ist der Tod nur eine Schwelle zu neuen Möglichkeiten, und auch der Himmel ist kein statisches Paradies, *Heaven is no holiday,* wie Iqbal in seinen Vorlesungen sagt. Denn für den Frommen, der im ständigen Kampf gewachsen ist, trifft zu, was er im *Javidname* Sultan Tippu von Mysore in den Mund legt:

> Tod ist ein Reh, ein Löwe Gottes Diener;
> Dem ist der Tod von hundert Stufen eine!

Das ganze Werk ist eine Fundgrube für den Religionshistoriker, der Iqbals einfühlsame Interpretation der verschiedensten Gestalten – von

Bhartrihari bis Jamaluddin Afghani – bewundern wird, wie fremdartig sie auch manchmal beim ersten Lesen erscheinen mag.

Nach der Rückkehr aus Kabul im Spätherbst 1933 verschlechterte sich Iqbals Gesundheitszustand, und er sagte längere Reisen ab. Seine poetische und politische Aktivität aber ließ nicht nach. 1935 und 1936 erschienen zwei Bände mit Urdu-Poesie, *Bāl-i Jibrīl,* 'Die Schwinge Gabriels' und *Żarb-i Kalīm,* 'Der Schlag Mosis'. Das erstere – von den meisten Lesern als Höhepunkt von Iqbals Urdu-Dichtung gewertet – enthält neben Ghaselen auch das große Strophengedicht über die Moschee von Cordova, ferner eine interessante Skizze 'Lenin in Gottes Gegenwart', poetische Naturschilderungen, dramatische Dialoge und satirische Verse über den zänkischen Molla, den Religionsgelehrten, der den Fortschritt der Gesellschaft ebenso aufhält wie die mystischen Führer, die die Dummheit ihrer Anhänger ausbeuten. *Żarb-i Kalīm* dagegen ist, wie der Titel schon andeutet, der auf Mosis politische Führerschaft anspielt, in erster Linie politischen und sozialen Fragen gewidmet und stellt die Gefahren der Verwestlichung deutlich dar.

Iqbal hoffte in jenen letzten Jahren seines Lebens, daß er Zeit finden würde, eine Einführung in den Koran zu schreiben, der, wie er in *Javidname* sagt, jeden Augenblick tausend neue Welten auftun kann. Als geschulter Jurist interessierte er sich auch für eine neue Interpretation des islamischen Rechtes, und es ist bedauerlich, daß er diese Arbeiten nicht hat ausführen können. Am Neujahrstag 1938 wurde seine Neujahrsbotschaft von Radio Lahore übertragen; eine kurze Ansprache, in der die tiefe Sorge um das Schicksal nicht nur der islamischen, sondern der gesamten Welt fühlbar ist und die in vieler Hinsicht auch heute noch gültig ist. Wenige Monate später, am 21. April 1938, schloß der Dichter-Philosoph seine Augen für immer. Sein letzter Besucher war der deutsche Weltreisende H.H. von Veltheim-Ostrau gewesen, mit dem er sich lange über die Weltlage, aber mehr noch über deutsche Literatur und Philosophie unterhalten hatte. Dem Sarge des Dichters folgten Zehntausende; zur Seite der gewaltigen Badshahi-Moschee in Lahore wurde ein würdiges, schlichtes Mausoleum für ihn errichtet. Einige Zeit nach seinem Tode wurden seine nachgelassenen Gedichte in Urdu und Persisch – meist kurze Verse – unter dem Titel *Armaghan-i Hijāz* herausgegeben; es erscheint typisch für seine Einstellung, daß sein letztes Werk eine 'Gabe des Hijaz' sein sollte, denn immer wieder hatte er versucht, die Muslime zurückzuführen in die arabische Heimat des Islam. Die arabische Welt hat freilich erst in den letzten Jahren Zugang zu seinem Werk gefunden und beginnt nun, die Wichtigkeit seiner Gedanken zu erkennen.

Neun Jahre nach Iqbals Tod wurde Pakistan, von dem er geträumt hatte, und dessen Idee er in den dreißiger Jahren M.A. Jinnah immer wieder ans Herz gelegt hatte, zur Wirklichkeit, und Iqbals Gedanken sind seither von fast jeder Gruppe im Lande in Anspruch genommen worden, seien es fortschrittsgläubige Reformer oder orthodoxe Traditionalisten.

Iqbal kann mit Recht als 'prophetischer Dichter' angesehen werden; für seine Dichtung, die sich überlieferter Formen bedient und oft so geschrieben ist, daß sich Reim und Rhythmus leicht dem Gedächtnis einprägen, gilt, was Rudolf Pannwitz einmal über das Zeitgedicht gesagt hat:

> Jede große Dichtung ist aus der Zeit und zugleich mehr als die Zeit. Sie ergänzt die Zeit, enthebt ihren unentfalteten Keimschichten das, was ihr mangelt, was die Zukunft bringen soll und das, was ewig gilt. Sie ist ihr Spiegel, ihr Richtschwert und ihr Sporn. Damit ist sie nicht passive, sondern aktive Geschichte, Geschichte mitbewirkende Prophetie... Denn sie, die große Dichtung, entfesselt in ihren Seelen einen produktiven Prozeß, der stärker ist als jede Gegenwart und es vermag, ihr die Zukunft zu entreißen oder entbinden.

Iqbal wußte, daß Dichtung der einzige Weg war, um seine Landsleute wirklich anzusprechen. Trockene Philosophie oder politische Theorie sagte ihnen nichts; aber die klangvollen Verse, die bei Dichterlesungen rezitiert und von der Menge sogleich wiederholt wurden, konnten dazu dienen, Träume und Hoffnungen zu erwecken und zu verwirklichen. Im *Javidname* hat Iqbal einmal die Rolle des idealen Dichters beschrieben, der berufen ist, der eigentliche Führer der Menschheit zu höheren Werten zu sein:

> Des Dichters Wesen ist nur ew'ges Suchen
> Er ist der Wünsche Schöpfer und Ernährer...
> Ist Menschenformung Ziel der Poesie
> Ist Dichtung Erbe auch der Prophetie...

Und wenn er in dieser Passage sagt:

> Der Dichter ist das Herz im Leib des Volkes,
> Ein dichterloses Volk ist nichts als Staub...

so dürfen wir ihn mit Recht als das Herz in der Brust Pakistans bezeichnen.

Iqbal und Dante
Betrachtungen über Iqbals Dschawidnama

von Alessandro Bausani, Rom

Es sei mir erlaubt, mit einigen Bemerkungen anzufangen, die scheinbar mit unserem Thema nichts zu tun haben. Aber sie könnten eine ziemlich klare Idee der Grundrichtung von Iqbals Philosophie geben, einer Philosophie, die in allen seinen Werken und besonders im *Dschāwīdnāma* widergespiegelt wird[1].

Es handelt sich um den ewigen Kampf Jakobs mit dem Engel (oder mit Gott): «Da rang ein Mann mit ihm, bis die Morgenröte anbrach. Und da er sah, daß er ihn nicht übermochte, rührte er das Gelenk seiner Hüfte an; und das Gelenk der Hüfte Jakobs ward über dem Ringen mit ihm verrenkt. Und er sprach: 'Laß mich gehen, denn die Morgenröte bricht an'. Aber er antwortete: 'Ich lasse dich nicht, du segnest mich denn'. Er sprach: 'Wie heißt du?' Er antwortete: 'Jakob'! Er sprach: 'Du sollst nicht mehr Jakob heißen, sondern Israel, denn du hast mit Gott und mit Menschen gekämpft und bist obgelegen! Und Jakob fragte ihn und sprach: 'Sage doch, wie heißt du?' Er aber sprach: 'Warum fragst du, wie ich heiße?' Und er segnete ihn daselbst. Und Jakob hieß die Stätte Pniel; 'denn ich habe Gott von Angesicht gesehen, und meine Seele ist genesen'. Und als er an Pniel vorüberkam, ging ihm die Sonne auf; und er hinkte an seiner Hüfte.» (*Gen.* 32, 24–31)

Was soll dieser 'Kampf' bedeuten? Gott schlägt immer dem Menschen eine zu Ihm leitende *asymmetrische Richtung* vor, und immer versucht der Mensch, in neuen, scharfen, genialen Weisen, diese von Gott ununterbrochen wieder vorgeschlagene Richtung, Direktionali-

---

1 Die Iqbal-Bibliographie ist zu ausgedehnt, um hier detailliert wiedergegeben zu werden. Im folgenden Buch findet man eine gute Bibliographie: A. Schimmel, *Gabriel's Wing,* Leiden 1963. Dieses Werk ist bis jetzt die beste allgemeine Studie von Iqbals philosophischen und religiösen Ideen. Es enthält auch ein vollständiges Verzeichnis von Iqbals Werken. Das *Dschāwīdnāma* oder «Buch der Ewigkeit» ist dasjenige, das am meisten von der Danteschen *Göttlichen Komödie* beeinflußt wurde. Es wurde von mir zum ersten Mal ins Italienische übersetzt (*Il Poema Celeste,* Rom, 1952). Es gibt auch eine gute deutsche Übersetzung von A. Schimmel (*Buch der Ewigkeit,* München, 1957), in deren Einführung (S. 1–16) das Wesentliche über Iqbals Ideologie und die Quellen dieses Gedichts gesagt wird. Die Zitate aus dem *Dschāwīdnāma* in diesem Aufsatz wurden alle aus der Übersetzung A. Schimmels genommen *(Dsch.).*

tät, aus dem Kosmos hinauszuerklären. Nur ein paar Beispiele: a) Die Erde ist viereckig und flach, und es gibt ein privilegiertes Land im Zentrum (z.B. China, *Chung-Kuo*, 'das Reich der Mitte', aber auch andere Beispiele in anderen Überlieferungen). Das ist der erste, elementarste Zug Gottes im Kampf. Aber dann wird das leicht vom Menschen als absurd erklärt, als man entdeckt, daß die Erde eine Sphäre ist, und keine Antipoden existieren. b) Doch ist die sphärische Erde das Zentrum des Weltalls. Aber auch das wird verworfen, als man entdeckt, daß die sphärische Erde nicht im Zentrum des Weltalls schwebt, sondern wie jeder beliebige Planet um die Sonne herumkreist. c) So ist *die Sonne* das Zentrum des Weltalls, und die Richtung nach der Sonne ist die privilegierte Richtung. Aber dann entdeckt der Mensch, daß die Sonne und das ganze Sonnensystem nur ein Teilchen einer großen Galaxie sind. d) Vielleicht aber schwebt das Sonnensystem im Zentrum der Galaxie, wie schon 1750 Thomas Wright vorschlug[2]. Doch leider nicht, denn der Mensch entdeckt wieder, daß das Sonnensystem nur am Rande der Galaxie sich bewegt.

Es wäre zu langwierig, aber gewiß interessant, die vielen weiteren möglichen Beispiele dieses Kampfes: «privilegierte direktionelle Asymmetrie gegen allgemeine zentrale Symmetrie» zu verfolgen. (Z.B. die Bewegung *nach einer bestimmten Richtung* der unter einen Elektrizitätsleiter gelegten magnetischen Nadel, die den jungen Mach so sehr schockierte, die aber leicht «explained away» wurde[3]). Am Ende hat der Mensch, um das (ideologisch) gefährliche Privileg des Seins über das Nichts zu vermeiden, die Idee der Symmetrie Materie/Antimaterie erfunden und versucht, eine noch gefährlichere Antimaterie experimentell zu entdecken. Das Interessante ist, daß in diesem Kampf Gott vor der menschlichen Intelligenz sanft zurückzuweichen scheint: bis wann, wissen wir nicht; der alte Kampf ist noch nicht beendet, und Gott wird dem Menschen sicher immer schwierigere privilegierte Richtungen vorschlagen, und der Mensch wird immer wieder, mit immer

---

2 Th. Wright, *An Original Theory . . . of the Universe,* London, 1750, S. 80–81. Wright dachte, daß das christliche Paradies in der Sonne, Zentrum des Weltalls, lag.

3 Siehe H. Freudenthal, *Mathematik in der Wissenschaft und im alltäglichen Leben,* 1967 (Ital. Ausg. Mailand 1967, S. 245) Auch: H. Weyl, *Symmetry,* Princeton 1952 (Ital. Ausgabe, Mailand 1975, S. 26).

neuen und subtileren Theorien versuchen, die alte heidnische Symmetrie gegen die theistische asymmetrische Richtungslinie zu verteidigen[4].

In diesem Kampf steht Iqbal entschieden an der Seite des personalistisch-transzendenten Monotheismus, der Antisymmetrie, der Linie (Richtung) gegen den Kreis (Zyklus). Er wäre ganz im Einklang gewesen mit diesem Vers des von ihm viel bewunderten mohammedanischen Dichters Indiens, Ghālib (st. 1869)[5]

hai pare sarḥadd-i idrāk-se apnā masjūd
qible-ko ahl-i naẓar qibla-numā kahte hain

«Der Gegenstand unserer Anbetung liegt jenseits der Wahrnehmung: daher betrachten die [wahren] Weisen den heiligen Ort *(qibla)* nur als einen Kompaß.»

Eine weitere für Iqbal besonders wichtige Folge: die religiösen Leute (und mit ihnen Iqbal) haben die Neigung, die Zeit über den Raum zu privilegieren. Das Wort «Zeitraum» lieben sie nicht. Und das ist logisch: denn die Zeit, mit ihrer Asymmetrie, ihrer Unumkehrbarkeit, scheint ihnen tauglicher, das religiös Direktionelle zu symbolisieren. Aber Achtung! nur zu *symbolisieren,* anzuzeigen, denn wenn wir – wie die alten Iraner – die Zeit als Gottheit betrachten, so geht ihr religiös-direktioneller Wert ganz verloren. Ein Versuch, sogar die Zeit zu spatialisieren, wurde zwar vom Menschen gemacht (durch Einstein), aber die eventuellen Folgen einer vollständigen Symmetrisierung der Zeit (durch welche der Buddha, wie sich gewisse buddhistische Kosmologien ausdrücken, in rückwärtiger Richtung, *patiloman* [«gegen den Strich»] die Zeit durchlaufen konnte), bleiben doch im Felde der «science fiction» und der Ufonik[6]. . .

In der Evolution (einer großartigen Idee, die die Religiösen aus Dummheit verwarfen, und die Atheisten aus Dummheit angenommen haben) vereinbaren sich die beiden möglichen Interpretationen, die te-

4 Über das Problem der Erhaltung der Parität haben die modernen Physiker viel zu sagen. Sieh C. Bernardini, *Le argomentazioni non rigorose in fisica,* in «Scientia» 111, 1976, S. 643; G. Toraldo Di Francia, *L'Indagine del Mondo Fisico,* Torino 1976, S. 472. Jetzt nehmen viele Physiker an, daß es im Universum, in einem gewissen Sinn, ein «absolutes» Rechts und Links geben kann!

5 Über diesen bemerkenswerten Dichter Indiens s. A. Bausani, *The position of Ghālib in the history of Urdu and Indo-Persian Poetry,* in: «Der Islam», 1959.

6 S.A. Bausani, *Betrachtungen über die Zeit in Mythos und Dichtung* in «Antaios» V, 3 (1963). Ders. *The Concept of Time in the Religious Philosophy of M. Iqbal* in «The World of Islam» N.S. vol. III, nrs. 3–4, 1954.

leologische und die kasualistische, in einem unentwirrbaren Knoten: was ist, letzten Endes, der Unterschied zwischen Monod's[7] Zufall und dem Gott des Monotheisten? ´

Die von Iqbal als eine religiöse Idee enthusiastisch verteidigte Evolution vertritt die auf dem Begriff von Zeit begründete Asymmetrie des Kosmos: um auch sie zu symmetrisieren, müßte man die alte hinduistische Idee des Zyklus annehmen, der ewigen Wiederkehr von Nietzsche, eine Idee, die für Iqbal, trotz seiner Liebe zu Nietzsche, ganz schrecklich aussah[8].

Die prophetische Botschaft Iqbals liegt gerade darin, in dieser Wiederaufwertung des reinen strengen Monotheismus (er sprach von Islam, aber jeder Anhänger einer monotheistischen Religion könnte dasselbe von einem gereinigten christlichen oder jüdischen Monotheismus sagen), in diesem Kampf gegen jede ideologische Sehnsucht nach dem ewig Heidnischen, nach einer pantheistischen Mystik, oder nach dem prämonotheistisch-Uralten, nach einem in die Urzeit gestellten verlorenen Paradies: für Iqbal liegt das Paradies in der Zukunft, nicht in der Vergangenheit. Sogar die moderne Mode der Ethnologie und Archäologie lehnt er ab. In unserem *Dschāwīdnāma* sagt der alte babylonische Gott Marduk:

> Der Mensch – sprach Marduk – ist von Gott geflohen... Da seine Schau er mehrt und sein Erkennen und wieder blickt auf die vergangnen Zeiten. Entzücken fühlt er durch die alten Werke und spricht von unserer Erscheinung Stärke... (*Dsch.* S. 84)

Kurz gesagt, Iqbal ist eine der sehr wenigen modernen Persönlichkeiten, für welche der klassische islamische Satz *lā ilāha illā 'llāh* («es gibt keinen Gott außer Gott») der aktuellste, der interessanteste aller möglichen philosophischen Sätze ist. Es gibt eine Person Gottes *(khudī),* der, gerade weil er Person ist, mit keiner rein natürlichen Erscheinung identifizierbar ist. Er ist außerhalb der Natur und des Kosmos, die Natur und der Kosmos können nur durch ihre Asymmetrie auf ihn hinweisen.

---

7 Natürlich handelt es sich um das berühmte Buch des französischen Biologen Jacques Monod, *Le Hasard et la Nécessité,* Paris 1970.

8 «Such a doctrine, far from keying up the human organism for the fight of life, tends to destroy its action-tendencies and relaxes the tension of the Ego», M. Iqbal, *The Reconstruction of Religious Thought in Islam,* Lahore repr. 1951, p. 116.

Wie ich schon gesagt habe, spielt in dieser iqbalischen Weltasymmetrie und besonders auch in unserem *Dschāwīdnāma, die Zeit* eine besonders wichtige Rolle[9].

Ein Hinweis darauf, auf wie vielfältige Art das Fließen der Zeit in den verschiedenen Visionen der Welt gesehen worden ist, erscheint hier angebracht. Das Griechentum und das indische Denken, und ganz allgemein die monistisch und pantheistisch ausgerichteten Visionen der Welt, sehen den Gang der Zeit als einen Kreis, der sich *ad infinitum* wiederholt, ohne einen wirklichen Fortlauf und Fortschritt. Übrigens verficht Aristoteles auch theoretisch (*Physik* VIII, 9, 265a–266a) die höhere Würde der *Kyklophoria* gegenüber der Bewegung des geradlinigen Fortschreitens. In diesen Weltanschauungen hat die «Unsterblichkeit der Seele» einen Sinn, das zeitlose Element des Menschen oder das Streben nach dem Nirwana, die Flucht aus dem Zeitkreis durch die Tangente. Die wirkliche experimentelle Zeit ist Magie und Spiel. Im Gegensatz dazu wird in den von Grund auf theistischen Kulturen, wie in der hebräisch-christlichen und islamischen, die Zeit, verbunden mit dem Begriff der Schöpfung *ex nihilo,* der den Griechen und Indern unbekannt ist, *linear* verstanden, nach einer Richtung hin orientiert; hier gibt es ein wirkliches Ende der Welt, und der Zukunft kommt ein sehr großes religiöses Gewicht zu. Hier ist die Zukunft wirklich «unvorhersehbar», die Frucht eines ursprünglichen Planes eines tätigen und persönlichen Gottes. In der berühmten Rede des Paulus an die Athener auf dem Areopag (*Acta,* XVII, 22ff.) wäre den Griechen fast alles annehmbar gewesen, außer jenem Passus, der gerade an die typische hebräisch-christliche Auffassung der Zeit gebunden ist: «Gott hat einen Tag bestimmt, da er die Welt richten wird». Das ist ein Tag, an dem der Zyklus und die ewige Wiederkehr überhaupt keinen Sinn mehr haben.

In diesem Sinne ist sogar ein Element der Zeit, zum mindesten in der Bedeutung der Bergsonschen *Durée,* in Gott selbst beschlossen, obwohl die orthodoxen Theologen es verneinen, so aber besingen die Dichter Gott. Hier findet das Problem des Todes (das letzte 'Ereignis', und daher mit dem Problem der Zeit aufs engste verknüpft) seine Lösung nicht in einer zeitlosen Unsterblichkeit der Seele, sondern in der 'Auferstehung des Fleisches', in einer linearen Fortsetzung der Zeit auf anderen Ebenen als den gegenwärtigen. Die moderne Welt, als Frucht der Entmythisierung der Natur, welche die christlich-hebräisch-islamische

9 Über dieses Thema siehe besonders meine unter Anmerk. 6 erwähnten Aufsätze, mit weiterer Bibliographie.

Konzeption mit sich brachte, die alles Heilige in Gott zusammengefaßt sieht, verlor, als sie auch den höchsten 'Mythos' von Gott als Person aufgab, in der verzweifelten existentialistischen Vergöttlichung des Augenblicks jeden heiligen Wert. Für Iqbal aber ist (*Lectures*, S. 167) die Unsterblichkeit der Seele (oder besser gesagt des ganzen Menschen) nicht etwas *Natürliches, Gegebenes,* sondern der Mensch muß diese Unsterblichkeit durch einen harten Kampf erobern, sein Ich muß so hart wie ein Diamant werden, so daß es dem Vogel des Todes nicht gelingen kann, ihn zu schlucken. Der Tod des Märtyrers (im islamischen Sinn, des Kämpfers), der Heldentod, beschließt in sich das Geheimnis der Unsterblichkeit:

> Hingabe, gläubig, macht das Leben stärker;
> Auch Tod ist Alchemie und Talisman.
> Tod ist ein Reh, ein Löwe Gottes Diener;
> Dem ist der Tod von hundert Stufen eine!
> Vollkommener Mensch, er stürzt sich auf den Tod,
> Wie sich der Falke auf die Taube stürzt.
> Aus Todesfurcht stirbt jeden Nu der Sklave,
> Aus Todesfurcht ist Leben ihm verboten.
> Doch anders ist des Freien Menschenwürde;
> Ihm gibt sein Tod nur eine neue Seele!
> Er denkt an sich, und nicht an seinen Tod:
> Des Freien Tod, er währt nur einen Hauch.
> Laß jenen Tod, der Grab und Bahre kennt –
> Das ist ein Tod, wie ihn das Vieh nur nennt.
> Der Gläubige erfleht vom reinen Gott
> Den andern Tod, der ihn vom Staub befreit.
> Den andern Tod! Des Sehnsuchtsweges Ende,
> Den letzten Siegesschrei im Sehnsuchtskampfplatz!
> Süß ist ein jeder Tod dem Gläubigen,
> Doch anders noch der des Prophetenenkels[10]!
> (*Dsch.* S. 156–157)

In diesem selben *Dschāwīdnāma,* gerade am Anfang des Gedichtes, finden wir einen Gesang von *Zerwān,* dem alten iranischen Zeitgott, der sich wohl als Zyklus zeigt, der aber dem Iqbal die neue Bergson'sche *Durée,* «Zeit-in-Gott», als Mittel der Befreiung vorschlägt:

---

10 Ḥusain, Sohn ᶜAlīs und Enkel des Propheten Muḥammad; wurde 680 in Karbalā durch die Regierungstruppen des Omayyaden Yazīd getötet. Urbild des mohammedanischen Kämpfers und Märtyrers.

Er sprach: «Ich bin Zerwan, der Weltbezwinger,
Bin außen, und von innen der Durchdringer;
Ein jedes Handeln wird durch mich bestimmt –
Wer spricht, wer schweigt, er ist in meinem Netz!
Am Strauch die Knospe öffnet sich durch mich,
Im Nest das Vögelchen, es klagt durch mich.
Das Korn wird junger Trieb durch meinen Hauch,
Die Trennung stammt von mir, die Einung auch.
Vermahnung bringe ich und Tadelworte;
Ich mache durstig, und dann bring ich Wein.
Nur ich bin Leben, Tod und Auferstehung,
Abrechnung, Hölle, Paradies und Huri,
Und Mensch und Engel liegt in meinem Bann.
Mein Kind ist diese Welt, die rasch vergeht.
Die Rose, die vom Zweig du pflückst, bin ich.
In meinem Zauber ist die Welt gefangen,
Durch meinen Atemhauch nur wird sie älter.
Doch wer 'Mit Gott ist meine Zeit' kann sprechen:
Der Tapfere kann meinen Zauber brechen.
Was dich von meiner Gegenwart befreit:
Von Herzen sprich: 'Mit Gott ist meine Zeit!'»
(*Dsch.* S. 33)

«Mit Gott ist meine Zeit» *(lī maᶜa 'llāhi waqt)*[11] zu sagen, bedeutet für Iqbal, ein Element von Zeit in Gott selber anzunehmen, und sich dem Tempo der göttlichen Zeit, dem «sanften Wandeln Deines Tags», anzupassen. Die *khudī* des Menschen, d.h. die Persönlichkeit, die Ichheit des Menschen (nicht *aller* Menschen, sondern *des Helden*) wird dadurch unendlich verstärkt. Nur in dieser Weise kann der Mensch ein würdiger Partner im Kampf gegen Satan *(Iblīs)* sein.

Satan ist ein anderer Begriff, der im *Dschāwīdnāma* und in der ganzen Philosophie und Dichtung von Iqbal eine Hauptrolle spielt[12]. Im Islam wurde Satan immer als der Feind *Adams,* nicht so sehr als der Feind *Gottes* (wie im Manichäismus und teilweise auch in gewissen Formen von Christentum) betrachtet. Satans Ursünde war es, daß er, ein edler Engel aus Feuer, sich weigerte, sich zu Füßen des aus Staub gemachten Adam niederzuwerfen, und so befolgte er den Befehl Gottes nicht. Sein Haß gegen Adam ist, in einem gewissen Sinn, ein Rassenhaß: «Du hast mich aus Feuer, ihn hast Du aus Lehm geschaffen», sagt

11 Es handelt sich um ein berühmtes *hadīth,* d.h. ein dem Propheten Muhammad zugeschriebenes Diktum.
12 S. Ausführlicheres über dieses Thema in meinem Artikel *Satana nell'opera filosofico-poetica di M. Iqbal* in «Rivista degli Studi Orientali», 30/1956, S. 55–102.

er im Koran (7, 12). Und in unserem *Dschāwīdnāma* singt er, in der Sphäre der Häretiker, d.h. auf dem Planeten Jupiter, die folgende schöne 'Klage':

> Herrgott, Herr von Unrecht und von Recht:
> In des Menschen Nähe geht's mir schlecht.
> Zeigt er mir doch niemals Widerstand,
> Der sein Auge schloß, sein Selbst nicht fand!
> Fremd sein Staub der Lust der Rebellion,
> Fremd der Glut des höchsten Stolzes schon!
> Beute, die sich selbst dem Jäger gibt –
> O des Dieners, der Gehorsam liebt!
> Rette mich vor solcher Beuteschar!
> Denk, wie ich dir einst gehorsam war;
> Meine hohe Seele fühlt sich hier
> So erniedrigt – wehe, wehe mir!
> Schwach sein Wille, unreif von Natur,
> Kaum erträgt er meines Schlages Spur!
> Klügere Gefährten sind mir nötig!
> Reifere Genossen sind mir nötig!
> Nimm das Lehm- und Wasser-Spielzeug fort!
> Kinderspiel frommt nicht an Greises Ort.
> Was heißt Mensch? Ein Häufchen Schutt, nun gut –
> mehr als er ist ein Stück meiner Glut!
> Wenn die Welt nur Schutt und Asche kennt –
> Wozu diese Glut, die mich verbrennt?
> Glas zu schmelzen ist ein Kinderspiel;
> Stein zu schmelzen ist das wahre Ziel!
> So enttäuscht bin ich von meinem Fang,
> Lohn erbittend, führt zu dir mein Gang:
> Jemand der mich leugnet, gib mir, bitte,
> Lenk zum Gottesmanne meine Schritte!
> Einen, der mir meinen Hals ersticke,
> Daß ich zittere vor seinem Blicke!
> Der: 'Heb dich hinweg von mir!' mich schelte,
> Dem ich nicht zwei rote Heller gelte:
> Gott, woll mich zum Lebend-Frommen leiten!
> Im Zerbrechen – welche Seligkeiten!
> (*Dsch.* S. 120–121)

Aber es ist jetzt Zeit, den Lesern eine allgemeine Idee des (1932 verfaßten) *Dschāwīdnāma* zu geben.

Am Anfang des Gedichts, wie auch am Anfang der *Göttlichen Komödie* Dantes, steht ein Element von Traurigkeit. Die «selva oscur» in dem geschlossenen Universum Dantes, die Verzweiflung des modernen

Menschen bei Iqbal, eines Menschen, der sich in unserem modernen, offenen, unendlichen Universum sogar noch geschlossener und einsamer vorfindet:

> Der Mensch ist hier, im Kosmos farbenreich,
> In stetem Klagen einer Harfe gleich.
> Der Wunsch nach Gleichgesinnten läßt ihn brennen
> Und lehrt ihn Klagen, herzbewegend, kennen.
> Doch diese Welt, gebaut aus Lehm und Wasser –
> Wer könnte sagen, daß ein Herz sie hätte!
> Meer, Wüste, Berg und Gras sind taub und stumm,
> Und Sonn' und Mond und Himmel taub und stumm.
> Wohl stehn am Himmel ungezählte Sterne,
> Doch jeder einsam und unendlich ferne;
> Ein jeglicher ist hilflos gleich wie wir
> und schweift verwirrt im weiten blauen Raum,
> Wie eine Karawane ohne Vorrat –
> Endlos die Himmel, lang, so lang die Nächte!
> Ist diese Welt die Beute, wir die Jäger?
> Sind wir vielleicht vergessene Gefang'ne?
> . . . .
> O Heil dem Tag, der aus der Zeit nicht stammt
> Der keinen Morgen, Mittag, Abend hat!
> (*Dsch.* S. 17)

Der ptolemäische Kosmos von Dante war klein und geschlossen, aber er war – wie sich Prof. S.H. Nasr ausdrückt[13] – eine symbolische Ikone, worüber der Mensch nachdenken konnte, und jenseits welcher die absolute, unendliche Welt Gottes bestand. Für uns moderne Menschen ist das materielle Weltall ja unendlich, aber gerade wegen dieser materiellen Unendlichkeit gibt's jenseits keinen Raum mehr für Gott. Iqbal ist ein moderner Mensch, aber gleichzeitig auch ein religiöser Monotheist. Er will nicht nur, wie Dante, über das Absolute *nachdenken,* sondern diese Welt von Lehm und Wasser zerbrechen, um das Absolute zu erreichen (noch ein Aspekt des ewigen Kampfes Jakobs mit Gott . . .). Er fragt seinen Vergil, Maulānā Dschalāluddīn Rūmī:

> . . . . Wie zu Gott gelangen
> Und wie den Berg von Lehm und Wasser spalten?

13 Siehe S.H. Nasr, *Sufism and the perennity of mystical quest* in «Milla wa-Milla», n. 10, 1970 S. 8–9.

Der Schöpfer ist Er, außerhalb der Schöpfung –
Wir sind im Netz des Schicksals nur Gefangne!
(*Dsch.* S. 28)

Dieses revolutionäre Problem wird in der *Göttlichen Komödie* nur gestreift, im *Canto* von Ulysses. Dantes Himmelsreise ist vor allem eine Reinigungsreise. Aber auch die moderne Reise Iqbals bleibt religiös, eine Reise, die nur nach dem Erfolg einer Reinigungsreise verwirklicht werden kann.

Nachdem das moderne Denken die harmonische, in sich geschlossene «griechische» Welt Dantes zerbrochen hatte, hatte der Mensch noch einmal, mit Faust, die Reise versucht, diesmal eine titanische Reise, aber, um Iqbals Worte zu gebrauchen, der moderne Mensch hatte den wahren Sinn des islamischen Ausdrucks *banda-i Khudā* (Gottes Sklave) oder *mard-i Khudā* (Gottesmann) nicht verstanden, und so wurde seine neue Reise zu einer Katastrophe. Iqbal schlägt nicht ein «Zurück zu Dante!» vor, sondern eine neue Reise, in welcher der moderne Dynamismus des Menschen sich in der rechten Richtung kanalisiert, eine Richtung, die wir nur nach einer neuen Wertung des monotheistischen Gottes, als etwas nicht Metaphysisches, sondern Personalistisch-Aktivistisches verstehen können. Nur in dieser Mitarbeit mit Gott wird die moderne Hybris wirklich zur Macht, die Himmel zu zerbrechen, und nicht, wie gewöhnlich jetzt, zur bloßen Agitation, Hysterie.

Auch *in der Form* hat die Iqbalsche Reise in sich etwas, das sie von der Reise Dantes unterscheidet. Zum Beispiel geht Iqbal nicht, wie Dante, durch *die Hölle;* man spricht hier selten von *Sünde.* Sein *Itinerarium,* das einen Sieg wenigstens über die banalsten Formen von mittelalterlicher Sünde voraussetzt, öffnet sich mit einem phantastischen 'Prolog im Himmel', in welchem der Himmel, am ersten Tag der Schöpfung, der Erde ihre krasse Blindheit, ihre Materialität vorwirft. Die Erde aber erhält von Gott das tröstende Versprechen, daß er – wie der Koran sagt – seinen *khalīfah,* seinen Stellvertreter darin einsetzen wird, den Menschen, (Kor. 2, 30) das Ende der physischen Evolution und den Anfang einer noch phantastischeren geistigen Evolution.

Iqbals Prolog im Himmel steht nicht, wie im Faust, unter dem Symbol des «ewig Weiblichen», der erlösenden Macht der heiligen Jungfrau, von Lucia und Beatrice, deren Augen «lucean più che le stelle». Iqbals Prolog im Himmel steht unter dem Zeichen der unendlichen Macht des (nunmehr schon erlösten) Menschen. Sein Führer, sein Vergil, ist das höchste Symbol des «vollkommenen Menschen», der die

persönliche Heiligkeit schon erreicht hat, Maulānā Dschalāluddīn Rūmī, der große Mystiker von Balch (13. Jahrh.)[14]. Und gerade am Anfang
des Prologs auf Erden klingt im Ohr Iqbals das schöne Gedicht von
Rumi, in welchem sich diese so modern-dynamische Zeile findet:

'Lang suchten wir, aber Er ist ja nirgends zu finden!'
Was man nie findet, ist's, was ich in Ewigkeit wünsche!
(*Dsch.* S. 26)

Die Reise beginnt. Iqbal befreit sich von den Himmelssphären, einer
nach der anderen. In der Mondsphäre spricht er mit dem indischen
Weisen Wischwamitra (der rein menschlichen Weisheit) und meditiert
über die vier großen Gottesoffenbarungen, d.h. Buddha, Zoroaster,
Christus und Muhammad. In der Merkursphäre erörtert er, zusammen
mit den Geistern von berühmten orientalischen Politikern (wie Dscha-
māluddīn al-Afghānī und Saᶜīd Ḥalīm Pāschā), Fragen von Kommunismus und Kapitalismus, Unterschied zwischen westlicher und östli-
cher Kultur usw. Eine ideale islamische Theo-Demokratie wird als Lösung vorgeschlagen, eine priesterlose Theokratie, die in sich die Vor-
teile des Sozialismus und der Freiheit schließt. Nur Gott ist der Herr,
daher gibt's keinen menschlichen Herren, 'weder Kaiser noch Khos-
roen'. Alle Menschen sind Sklaven, aber Sklaven nur von Gott, daher
sind sie alle gleich. Niemand besitzt die Erde, denn die Erde gehört Gott
usw.
    Besonders anti-europäisch scheint der Himmel von Venus: wie
schon gesagt, hatte Iqbal kaum Sympathie für die europäischen Archä-
ologen, die er (teilweise mit Recht) als die Bahnbrecher des Kolonialismus ansah. Nach Venus fliegt er direkt zum Mars. Die neue astrono-
mische Kosmologie wird dem alten Symbolismus nicht geopfert: es gibt
keine *Sonnensphäre* in Iqbals *Dschāwīdnāma*. Auf Mars sieht Iqbal
eine Art von hypermoderner Kultur, mit vorgeschrittener Technologie
und Wissenschaft, und sogar einer 'Marsprophetin', in welcher er die
zeitgenössische Frauenbewegung verhöhnt. Aber einer anderen, viel
positiver angesehenen Frau begegnen wir im nächsten Himmel, dem-
jenigen von Jupiter. Es ist die persische Bābī-Häretikerin und Dichterin
Qurratu'l-ᶜAin Ṭāhira, die 1852 in Teheran hingerichtet wurde, und

---

14 Über Rūmī siehe A. Schimmel, *Die Bildersprache Dschelāleddīn Rūmīs,* Wall-
    dorf, 1949, und Artikel Djalāl al-Dīn Rūmī in der neuen Ausgabe der *Encyclopae-
    dia of Islam.*

für welche Iqbal die größte Bewunderung hatte[15]. Übrigens zeigt Iqbal für alle in diesem Himmel lebenden Häretiker, den Mystiker Hallādsch[16], den indischen Dichter Ghālib[17], die persische Dichterin Tāhira und sogar für den «Fürsten der Schismatiker», Iblīs/Satan eine offenbare Sympathie. Durch die Worte dieser Häretiker scheint Iqbal gewisse Lieblingsideen seiner Philosophie auszudrücken, die er vielleicht nicht wagte, zu «offiziell» zu offenbaren. Tāhiras Worte erinnern uns an die sanfte Ausdrucksweise der Danteschen Pia dei Tolomei:

> Auch aus der Sünde des beseß'nen Dieners
> kann wieder neue Schöpfung sich entfalten.
> Die Sehnsucht, grenzenlos, zerreißt die Schleier
> und reißt hinweg die altvergang'nen Dinge[18]
> Und Strick und Galgen wird ihr lieb am Ende!
> Sie kehrt nicht lebend heim vom Dorf des Freundes.
> (Dsch. S. 110)

Es sei hier erwähnt, daß auch Dante die Seelen von zwei Heiden, Rifeus und Tzajanus gerade in den Himmel Jupiters setzt. Heiden und Häretiker im Himmel ... Eine Toleranz, die für die echte Religiosität der beiden großen Dichter spricht. Im Falle der hingerichteten Tāhira und Hallādschs, wie im Falle der großen heidnischen Persönlichkeiten vom Himmel des Jupiter in der Komödie, ist der monotheistische persönliche Gott viel barmherziger als das abstrakte Fatum des Pantheismus:

15 Eine kleine Sammlung von Gedichten Tāhiras (in persischer Sprache) wurde M. Iqbal persönlich 1930 in Lahore von der amerikanischen Baha'i-Lehrerin Martha Root als Geschenk überreicht. Iqbal schätzte das Geschenk sehr, besonders weil die Gedichte Tāhiras sehr berühmt, aber sehr schwierig zu finden sind. Die (handschriftliche) Sammlung enthielt auch das von Iqbal im Dschāwīdnāma zitierte Gedicht Tāhiras. S. Martha Root, Tāhirih the Pure, Iran's greatest woman, Karachi, 1938. Über die Bābī-Bahā'ī Religion siehe meine Artikel Bāb, Bābīs, Bahā'u'llāh, Bahā'īs in der neuen Ausgabe der Encyclopaedia of Islam.
16 Einer der berühmtesten islamischen Mystiker, der 922 in Bagdad hingerichtet wurde. Während einer Ekstase soll er den Satz anā 'l-ḥaqq, «ich bin Gott», ausgesprochen haben. Über ihn siehe L. Massignon, La passion d'al-Hosayn Ibn Mansour al-Hallaj martyr mystique de l'Islam, 2 Bde, Paris, 1922.
17 Über ihn siehe meinen unter Anm. 5. erwähnten Aufsatz. Es ist nicht klar, warum Iqbal Ghālib als Vertreter der Häresie gewählt hat, obwohl der Dichter (wie viele andere!) kein sehr orthodoxer Muslim gewesen ist!
18 Ich habe mir erlaubt, eine kleine Verbesserung in A. Schimmels Übersetzung anzubringen. Der persische Text lautet: kuhnagī-rā az tamāsā mī-barad «es reißt das Veraltete hinweg aus dem Blick», A. Schimmels Übersetzung: «und reißt zur Schau empor die ält'sten Dinge».

Regnum coelorum violenza pate
da caldo amore e da viva speranza
che vince la divina volontate
(Par. 20, 94–96)

Der folgende Himmel, derjenige von Saturn, beherbergt die Verräter. Aber wie für Dante so auch für Iqbal ist *das Vaterland, millat* etwas viel Umfangreicheres als der moderne Begriff vom nationalistischen Vaterland. Die eigentlichen Verräter sind für Dante die Verräter des Ideals des Heiligen Römischen Reiches, für Iqbal die Verräter des Islamischen Vaterlandes, der *ummah.*

Wir sind schon an der Grenze der Himmelssphären. Aber noch höher, *ānsūy-i aflāk,* «jenseits der Sphären», wandert noch eine einsame Seele, die von Nietzsche. Es ist rührend, den armen Nietzsche, der von den Philistern aller Religionen so sehr gehaßt wurde und wird, im Himmel, vielmehr, jenseits der Himmel, wiederzufinden! Und vielleicht ist es kein reiner Zufall, daß der Dichter, der ihm diesen hohen Platz gegeben hat, ein Mohammedaner ist, ein Anhänger der Religion, die die Attribute der Macht Gottes so hoch schätzt. Iqbals Vergil, Rūmī, sagt von ihm:

> . . . es ist ein deutscher Weiser;
> Sein Standort ist inmitten beider Welten. . .
> Sein Wort ist ohne Fehl, tief sein Gedanke,
> Sein Wortschwert spaltete entzwei die Westler.
> Die Nachbarn wußten nicht, was ihn entrückte,
> und als Verrückter galt nun der Verzückte.
> Vernünft'ge, ohne Teil an Rausch und Liebe,
> Sie gaben seinen Puls in Arztes Hand!
> . . . . . .
> Entkam den Pfaffen, fand beim Arzt den Tod.
> (*Dsch.* S. 129)

Für Iqbal hat Nietzsche nur den ersten, negativen Teil des islamischen Glaubensbekenntnisses realisiert: *lā ilāha,* «es gibt keinen Gott»; wegen der Pfaffenreligion, die Europa beherrschte, war er nicht im Stande, den echten, befreienden, modernen Wert des Monotheismus, den zweiten Teil des islamischen Satzes, d.h. *illā 'llāh* («außer *Allāh,* den persönlichen Gott») zu verstehen.

Jenseits von Nietzsche sind wir schon im klassischen Paradies mit seinen Schlössern und Huris. Und dort findet Iqbal weitere große islamische Persönlichkeiten. Aber nicht einmal diese zu traditionelle Welt kann Iqbal befriedigen und er singt den erstaunten Himmelsmädchen:

Wer das Mysterium der Reise kennt,
fürchtet den Rastort mehr als Wegelagrer...
(*Dsch.* S. 158)

Nach einem kurzen Gespräch mit der «ewigen Schönheit» (Gott), die sich dem Dichter am Ende offenbart, formt sich im Herzen Iqbals ein Ghasel, das das *Dschāwīdnāma* beschließt:

Laß den Osten, laß des Westens Zauberbann,
Alt und neu, sie gelten nichts, o Gottesmann!
Gib dem treuen Gabriel selbst nicht zum Pfand
Jenen Ring, den du verspielt an Ahriman!
Leben wirkt im Volke und bewahrt das Selbst –
Wandrer, bleib allein und schließ dich allen an!
Der du heller strahlst als Sonnen – lebe so,
Daß aus dir sein Licht ein jeder finden kann!
Wie ein Strohhalm, den des Windes Weg entführt,
Chosraus und Iskenders Reich entflog, verrann.
Da dein enges Glas das Weinhaus hier beschämt,
Nimm die Flasche, trinke recht und geh sodann!
(*Dsch.* S. 164–165)

Es ist die alte religiöse Dialektik der 'negativen' Theologie. Das Nichts der Seele wird zur höchsten Macht des Selbst, Tod wird zum Leben, Gott ist höchstes Licht und Finsternis, Reise ist Rastort und Rastort ist Reise usw. Das alles hatten die alten Mystiker schon gesagt, und besonders Iqbals Führer, Maulānā Dschalāluddīn Rūmī. Aber was ist eigentlich der Unterschied zwischen ihnen und dem modernen Iqbal?

Iqbal selbst hat, um den Unterschied zwischen Mystikern und Propheten darzustellen, in seinen *Six Lectures on the Reconstruction of Religious Thought in Islam* die folgende Anekdote erzählt: ᶜAbdu'l-Quddūs von Gangoh, ein indischer mohammedanischer Mystiker des 17. Jahrhunderts, sagte einmal in Bezug auf die mystische Reise oder 'Himmelsfahrt' von Muhammad: «Muhammad von Arabien besuchte die höchste Himmelssphäre und kam zurück. Wenn ich jenen Punkt erreicht hätte, wäre ich dort geblieben[19]!» Die prophetische Religion unterscheidet sich von der mystischen gerade dadurch, daß der Prophet (der immer auch ein Mystiker ist), nachdem er mit Gott vereint gewesen ist, auf die Erde zurückkommt, um die aus seiner intimen Berührung mit dem Absoluten gewonnene geistige Macht dem Volke mitzu-

19 The Reconstruction, *op.cit.*, s. Anm. 8, S. 124.

teilen. Iqbal fühlt sich als der Träger einer prophetischen Botschaft. Diese modern-prophetische aktivistische Botschaft wird in Dantes «Göttlicher Komödie» von Ulysses am besten vertreten, dem Ulysses, der sich wagte, jenseits der erlaubten Grenze des menschlichen Wissens, jenseits der Säulen von Herkules, neue Welten zu erobern. Aber bei Dante scheitert er und wird in der Hölle bestraft. Ulysses, der wahre Monotheist, der wahre Christ, die am meisten antiklassische Persönlichkeit der Göttlichen Komödie, wird von Dante jenem christlichen Aristotelismus geopfert, der das geistig offene Universum der ersten Märtyrer wieder zu einem geschlossenen ptolemäischen Kosmos gemacht hatte. Aber – sagt Iqbal – im Monotheismus ist die einzige Grenze die Grenze zu Gott, nicht zu etwas Natürlichem[20]. Gegen jede Kontamination mit einem griechischen Kosmosgefühl sagt Iqbal, daß der Koran «emphasizes deed rather than idea»[21]: die Tat ist das Religiöse, nicht die Ideologie. Die Natur ist nichts anderes als eine Gewohnheit Gottes, *sunnat Allāh*. Der Ulysses Dantes ist der wirkliche Vorläufer von Iqbal, und Iqbal hätte diesen Satz vielleicht bestätigt: 'Die Ulyssiden von Europa haben sich unter dem Zeichen des Atheismus entwickelt, weil die europäische religiöse Tradition zu viel vorchristlich-naturalistisch-hellenistisches Material sich einverleibt hatte'.

Nun versucht Iqbal, endlich erlöst von der Verdammnis des Ulysses, durch den koranischen Antiklassizismus (so wenigstens hätte er gesagt) wieder – aber diesmal nicht 'titanisch' sondern mit der Billigung und Ermutigung Gottes (Gott *segnet* den Jakob, der Ihn besiegt . . .) – den Angriff auf das Unbekannte.

Der *homo novus* kann in seinem ewigen, aber diesmal von Gott selber gewollten Kampf mit dem Absoluten sogar gefährlich werden, aber er wird nimmermehr von dem ewigen Freund getrennt. So hatten die Engel (die iqbalischen Engel natürlich!) am ersten Tag der Schöpfung in ihrem Lied gesungen:

> Höher als die Lichtgebor'nen wird der Mensch, die Handvoll Staub – eines Tags.
> Und sein Wille wird zum Himmel wandeln diesen Erdenstaub – eines Tags.
> Seine Phantasie, vom Flusse des Geschehens noch genährt,
> wird sich aus der blauen Sphären Wirbel retten unversehrt – eines Tags.
> Blicke auf den Sinn des Menschen! Warum fragst du uns dann noch?

20 A.a.O., S. 57.
21 A.a.O., S. V.

Heut noch der Natur verhaftet, formt er sich harmonisch doch – eines Tags.
Und so zeigt sich der Vertraute ganz in Harmonie und Kraft,
Daß selbst Gottes Herz erblutet durch die Werke, die er schafft – eines Tags.
(*Dsch.* S. 24)

Muhammad Iqbals soziale Ideen

von JAN MAREK, Prag

Die drei vorhergehenden Vorlesungen haben sich mit verschiedenen Aspekten der philosophischen Dichtkunst Iqbals und ihrer Beziehung zu den größten Repräsentanten der europäischen Poesie – Dante und Goethe – beschäftigt. Wir wollen unsere Aufmerksamkeit dem System seiner sozialen Ideen widmen. Es muß zugegeben werden, daß Iqbal weder ein gänzliches System der Sozialphilosophie ausgearbeitet, noch ein Buch, in dem er seine Philosophie der Geschichte systematisch dargelegt hätte, geschrieben hat.

Gleichwohl, im weitesten Sinne des Wortes kann er als politischer Dichter, der um den Menschen und sein soziales Wohl besorgt ist, bezeichnet werden.

Drei Wurzeln seines sozialen Denkens können von drei verschiedenen Sphären abgeleitet werden: die philosophischen Ideen des indischen Vedantasystems sind durch die islamische Lehre des Korans und den persisch-arabischen Mystizismus überdeckt und beide mit den Gedanken europäischer Philosophen, besonders von Bergson und Nietzsche, verschmolzen.

Nach außen entsprechen drei verschiedene Sprachen den drei verschiedenen Sphären des Denkens: seine kurzen Gelegenheitsgedichte erklingen in Urdu, der *lingua franca* von Nordindien und der offiziellen Sprache Pakistans, seine Arbeiten mit philosophischen Themen sind in der melodischen persischen Sprache geschrieben und seine gelehrte Prosa ist in englischer Sprache abgefaßt. In der Urdu-Sprache wandte er sich an seine heimatlichen Zuhörer und drückte die Leitgedanken seiner persischen Werke in kürzerer und wirkungsvoller Weise aus. Sein Persisch war nicht die moderne iranische Sprache, sondern die ältere Literaturform, die vor mehreren Jahrhunderten nach Indien gebracht wurde. Das Englische war für ihn das Mittel, das ihm die Verbindung mit der übrigen Welt und besonders mit Europa ermöglichte. Von den anderen europäischen Sprachen kannte er auch das Deutsche. Seine Sprachbegabung war außerordentlich – neben seiner Muttersprache Pandschabi sprach er nicht weniger als fünf andere Sprachen.

Er begann in Urdu zu schreiben, womit der Kreis seiner Leser und Zuhörer auf die Bewohner der nordwestlichen und zentralen Regionen des ehemaligen Britisch-Indien beschränkt blieb. Bald aber fühlte er sich gedrängt, die Botschaft von seinem Glauben an die unbeschränkten Fähigkeiten des Menschen einer breiteren Zahl von Lesern, wenigstens allen Muhammedanern des Morgenlandes, zu verkünden. Deshalb wählte er für seine Verse das Persische, eine Sprache mit sehr reichem Wortschatz und der Fähigkeit, die feinsten Nuancen des menschlichen Denkens und Empfindens auszudrücken. Tatsächlich kann seine Botschaft von der unendlichen Möglichkeit des Menschen, das Schicksal des Weltalls zu gestalten, und der universellen Suche nach einem vollkommenen Menschen, der harmonisch alle menschlichen Fähigkeiten verkörpert, nicht nur einer Religion oder nur einem Lande anvertraut werden.

Iqbal hat seine dichterische Karriere zur Zeit, als sich die Aligarhbewegung unter den Muhammedanern des Subkontinents verbreitete, begonnen. Diese Bewegung wurde durch Angehörige des muslimischen Mittelstands, die für die Erneuerung der islamischen Kultur schwärmten, ins Leben gerufen. Das Ziel des Gründers dieser Bewegung, Sir Sajjid Ahmad Chans, war, die Muhammedaner von Britisch-Indien von der Verdrießlichkeit, der unnützen Verzweiflung und Hoffnungslosigkeit zu befreien, in welche sie nach dem Verfall des Moghulischen Reiches und nach dem Mißerfolge des antibritischen Aufstandes vom Jahre 1857 versunken waren. Die Muhammedaner wurden für diesen Aufstand weit strenger bestraft als die Hindus und zögerten infolgedessen, an den politischen und ökonomischen Vorteilen, die ihnen später die britische Regierung bewilligte, teilzunehmen. Das Ziel der Aligarhbewegung war, die Muhammedaner zum aktiven Leben zurückzuführen und ihr Selbstbewußtsein zu erwecken. In seiner Jugend war Iqbal unter diesen Schwärmern eifrig tätig.

In den ersten Jahren dieses Jahrhunderts begab sich Iqbal nach England zur Zeit, als die lange Regierung der Königin Viktoria zu Ende ging. Er hatte Gelegenheit, mit der englischen neuhegelianischen Schule bekannt zu werden, doch außer Hegel wurde er vor allem durch Nietzsche's Idee vom Übermenschen beeinflußt und durch seine Lehre von der Entwicklung des menschlichen Ich. Jedoch am meisten beeinflußte ihn die pantheistische Lehre der iranischen mystischen Dichter.

Zur Zeit, als er nach Indien zurückkehrte, waren die meisten islamischen Länder zur Beute des Kolonialismus geworden. Das beeinflußte in großem Maß seine Poesie und brachte einen vollkommenen Wandel im Inhalt seiner Verse hervor. Er begann die Idee des Panislamismus zu verteidigen, denn die Einheit aller Muhammedaner gegen die imperialistische Herrschaft wurde für ihn zur zwingenden Notwendigkeit.

Er gab seine beschreibende Lyrik auf und widmete sich ausschließlich islamischen Motiven. Er suchte die ursprüngliche Lehre des Islams vom philosophischen Standpunkt her zu erneuern, indem er behauptete, daß die Lebenskraft des Islams durch den Einfluß griechischer philosophischer Ideen, besonders durch Plato, zernagt und dadurch seine aktive Lebensphilosophie in eine passive Meditation und Resignation gegenüber dem Willen des Schicksals verwandelt worden sei.

Die soziale Situation erforderte einen aktiven Kampf der Muhammedaner zur Erreichung ihrer Rechte. Deshalb lehnte Iqbal die Beeinflussung des Islams durch die griechische Philosophie ab. Das aber führte gleichzeitig zur Ablehnung des ganzen Erbes der persischen mystischen Schriftsteller, da der iranische Mystizismus – der Sufismus – ebenso durch Plato wie durch die indische Vedantaphilosophie beeinflußt war und da beide mit aktivistischen Lehren des Korans und der übrigen islamischen orthodoxen Schriften im Widerspruch standen.

Diese ursprüngliche koranische Lehre von der Notwendigkeit eines aktiven Lebens, von dem hohen und stolzen Los des Menschen in dieser Welt und seinen unbeschränkten Möglichkeiten entsprach gut den Bedürfnissen der Iqbal'schen Klasse. Die Muhammedaner sollten beweisen, daß sie fähig sind, auf eigenen Füssen zu stehen, denn nur so könnten sie leben.

Iqbals Ruf nach Aktivität ertönte zur Zeit, als das indische Volk den Befreiungskampf gegen das Kolonialjoch begonnen hatte. Der ideologische Reflex dieses Unabhängigkeitskampfes nahm die Form einer religiösen Ideologie an. Iqbal war nicht der einzige, der sich in seinem Denken auf die Religion stützte. Fast alle politischen und geistigen Führer legten ihr Antikolonialprogramm in Formen vor, die den traditionellen religiösen Anschauungen ihres Landes verpflichtet waren. Dieses Festhalten an der traditionellen Religion dauerte fort als ein Symbol der Größe und des Ruhmes der alten, der Kolonialherrschaft vorausgehenden Zivilisation und diente auch als ein Symbol nationalen Stolzes und nationaler Eigenständigkeit. Diese Religiosität der Ideologie der nationalen Freiheitsbewegung war auch durch den Charakter ihrer Führung bestimmt, die sich in den Händen der Bourgeoisie und Klein-Bourgeoisie befand, die auf religiös-idealistische Anschauungen großes Gewicht legte. Diese Ideologie behauptete, daß die im Westen verbreiteten materiellen Weltanschauungen den geistigen Werten, die ihren höchsten Ausdruck in der Religion finden, untergeordnet werden müßten.

Eine Religion jedoch, die Askese, Quietismus und passive Unterwerfung unter die bestehende Ordnung predigte, war für die Forderungen der Anhänger der Erneuerung nicht geeignet. Sie strebten einen Wechsel der bestehenden Lage an und kämpften um eine Reform. Iqbal war einer von ihnen. Sein ganzes Leben lang betonte er die Wichtigkeit schöpferischer Tätigkeit. Er begrüßte jede Bewegung, jeden Wechsel und stellte den Menschen die Gefahr der Unbeweglichkeit, des Müßiganges und der Ruhe vor Augen. Das Symbol der Tätigkeit war für ihn die Welle, eine Metapher, die in seinen Versen wieder und wieder vorkommt, welche nur so lange existiert, als sie sich bewegt. Wenn sie aufhört sich zu bewegen, hört sie auch auf zu existieren.

Als Kerngedanken der Sozialphilosophie Iqbals kann man das Suchen des Menschen bezeichnen. Sein Hauptziel ist, die unendlichen Möglichkeiten des Menschen zu enthüllen und ihn zu einem reicheren und volleren Leben zu führen. Er bemühte sich in seinen Versen zu zeigen, wie diese hohe Stufe der Menschheit zu erreichen ist. Er glaubte, daß die Menschheit zur Bildung einer idealen, aus völlig entwickelten Individuen zusammengesetzten Gesellschaft schreitet. Er unterschied drei Stufen in der Entwicklung des Menschen: den Gehorsam gegenüber den Gesetzen, der Selbstbeherrschung bewirkt, die höchste Form des Selbstbewußtseins der Persönlichkeit, und die Stellvertretung Gottes auf Erden.

Das vollkommene Individuum – Ego – nennt er *nā'ib,* Stellvertreter, und das Ziel der Menschheit heißt für Iqbal die Erreichung dieses Zustandes der Stellvertretung Gottes auf Erden. Im Nä'ib sei die allerhöchste Macht mit dem höchsten Wissen verbunden. Iqbal betrachtet das vollkommene Individuum nicht als ein isoliertes Phänomen, sondern als einen integralen Teil einer vollkommenen Gesellschaft. Er sagt in seinen *Asrār-e khudí:*

> Der Einzelne besteht als ein Teil der Gesellschaft,
> Allein ist er nichts.

Iqbal war überzeugt, daß der Mensch seine höchsten Möglichkeiten nur innerhalb und durch die Gesellschaft erreichen kann. Er setzte voraus, daß diese Gesellschaft gewisse Bedingungen erfüllen muß: sie muß eine geistige Grundlage haben, die durch das Prinzip des islamischen Monotheismus gewährleistet ist; sie muß sich um einen Führer, den Propheten Muhammad, zusammenschließen, sie muß ein Gesetzbuch haben, den *Koran,* und ein Zentrum, *Mekka,* haben, sie muß sich auf

Traditionen stützen, welche ein Faktor der Stabilität sind. Und schließlich: die ideale Gesellschaft muß Wissenschaft pflegen, um durch sie die Naturkräfte zu beherrschen.

Iqbals ideale Gesellschaft, regiert durch die Prinzipien des Korans, bietet eine zweckmäßige Umwelt, in der sich der ideale Mensch *(Mard-e mu'min)* entwickeln kann. Sie ist hauptsächlich durch absolute Freiheit gekennzeichnet. Es gibt in ihr keine Form der Abhängigkeit oder Knechtschaft *(bandagi)* im politischen oder ökonomischen Sinne noch irgendwas, was die freie Entwicklung des Einzelnen beschränken oder die schöpferische Fähigkeit des Menschen stören könnte. Das ist das Leitmotiv von Iqbals *Bandaginame* – des Buches der Dienstbarkeit.

Für eine solche ideale Gesellschaft verlangt Iqbal nicht eine theokratische Regierungsform. Im Gegenteil, in seinem Buche *Reconstruction of religious Thought* hebt er hervor: «Der Staat ist ein Streben, diese idealen Prinzipien in Raum- und Zeitkräfte zu verwandeln, ein Streben, sie in einer definitiven menschlichen Organisation zu realisieren. Allein in diesem Sinne ist der Staat im Islam eine Theokratie, nicht in dem Sinne, daß ein Vertreter Gottes auf Erden sein Oberhaupt ist» (Rec. 155–156).

Aus ähnlichen Gründen billigte Iqbal die republikanische Regierungsform. Er sagt dazu in seiner *Reconstruction:* «Die republikanische Staatsform ist nicht nur dem Geiste des Islams angemessen, sondern sie wurde Notwendigkeit mit Rücksicht auf die neuen Kräfte, die in der islamischen Welt zur Geltung gekommen sind» (Rec. 157).

Iqbal war davon überzeugt, daß die Grundprinzipien der idealen Gesellschaft in der reinen, ungefälschten islamischen Lehre enthalten sind. Islam war nach seiner Meinung wirklich eine Ideologie der Gleichheit und Brüderschaft aller Nationen, welche grundsätzlich alle Quellen der sozialen Ungerechtigkeit verwirft. In seinem Buch der Ewigkeit *(Dschavednama)* schrieb er:

> Koran: für die Kapitalisten Tod,
> Und Stütze für die mittellosen Sklaven.
>
> (Buch der Ewigkeit 1643–4, Schimmel 77)

Iqbal wies den engherzigen Nationalismus ab, weil er das Gefühl der Brüderlichkeit vernichtet und den Samen des Krieges sät. Er unterschied den Nationalismus vom Patriotismus, der edlen Zielen dienen kann. «Der Patriotismus», sagte Iqbal in einer seiner Reden, «ist eine vollkommen natürliche Tugend, die ihren Platz im moralischen Leben des Menschen hat. Das wichtigste allerdings für den Menschen ist sein Glaube, seine Kultur, seine historischen Traditionen. Das sind Sachen, die es nach meiner Ansicht wert sind, für sie zu leben und zu sterben, nicht das Stück Erde, mit welchem der menschliche Geist vorübergehend verbunden wurde.»

Iqbal hat immer geharnischt gegen die Rassendiskriminierung Stellung genommen. Seinen entschiedenen Standpunkt formulierte er in den Versen:

Jeder, der Unterschiede der Farbe und Rasse macht, wird untergehen,

oder in der *Botschaft des Ostens:*

Wir sind Afghan, Tatar und Türke nicht,
Des Gartens Kinder, einem Zweig entstammen –
Verboten ist des Dufts, der Farbe Scheidung:
Der gleiche Lenz ernährte uns zusammen!

(Botschaft 52, Schimmel 24)

Ebenso hat Iqbal in seiner Prosa seine Stellung gegen die Rassendiskriminierung klar ausgesprochen. In einem seiner Artikel schrieb er: «Der Islam bekämpft die Idee der rassischen Überlegenheit, die das größte Hindernis auf dem Weg zur internationalen Einheit und Zusammenarbeit darstellt. Tatsächlich sind Islam und Rassendünkel Gegensätze. Die Rassenidee ist der größte Feind der Menschheit und es ist eine Pflicht aller Freunde der menschlichen Rasse, sie auszumerzen.»

Iqbals Abneigung gegenüber der Rassendiskriminierung und seine Verachtung der westeuropäischen Mächte, die sie verteidigten, wurde durch den Angriff des faschistischen Italiens auf Abessinien im Jahre 1936 noch verstärkt. In seiner persischen Sammlung *Pas che bāyad kard, ai aqwām-i sharq* («Was sollen wir tun, Völker des Ostens») äußerte er seine tiefe Empörung über diese Tat der italienischen Machthaber. An einigen Stellen gab er seine Überzeugung kund, daß man dem Imperialismus – einer sozialen Ordnung, die solche Verbrechen straflos zuläßt – ein Ende setzen müsse. Er verurteilte ebenfalls die Aufschubtaktik der anderen europäischen Mächte, die sich dem Angriff nicht widersetzten, sondern nur einige wirtschaftliche Sanktionen gegen Italien im Völkerbunde beschlossen. Nach seiner Meinung zogen die westeuropäischen Mächte es vor, solange abzuwarten, bis Italien Abessinien erobert haben würde, um sich dann an der Beute zu beteiligen. Mit scharfem politischem Sinn hat Iqbal die Bedeutung dieser

traurigen Ereignisse begriffen und forderte die indischen Muhammedaner auf, aus dem Fall Abessiniens die Lehre zu ziehen, daß sie vom Völkerbund und seinen Mitgliedstaaten nichts zu erwarten hätten, da sie
nach seinen eigenen Worten nur «Diebe von Särgen» seien:

> «Wir müssen Belehrung aus dem Fall von Abessinien ziehen,
> Das Gesetz von Europa hat einträchtig und ohne Streit zugelassen,
> Daß die Wölfe Lämmer fressen dürfen.
> Eine Ordnung muß in der Welt eingeführt werden.
> Man kann keine Hoffnung setzen auf eine Lösung seitens Dieben von Sär-
> gen.»

(Was sollen wir tun 58–59)

Der Angriff auf Abessinien führte Iqbal zu einer sorgsamen Prüfung der
bestehenden Teilung der Welt. Er argwöhnte, daß die auf Erwerb neuer
Kolonien und Märkte gerichtete Politik eine der Ursachen des sich zu-
spitzenden Antagonismus zwischen den westeuropäischen Ländern
war. Sein Gerechtigkeitsgefühl war durch das Kolonialsystem verletzt,
welches entwickelten Völkern die unentwickelten zu unterjochen er-
laubte. Seine Verurteilung des ausbeutenden Charakters der europäischen Zivilisation kommt in seiner Dichtung dieser Periode häufig zum
Ausdruck. Im Jahre 1934 schrieb er:

> Ein Volk wird von dem anderen fett,
> Das eine sät den Samen, das andere mäht die Ernte,
> Die Philosophie lehrt, dem Schwachen Brot aus der Hand zu nehmen
> Und ihm die Seele aus dem Leib zu reißen.
> Das Gesetz der neuen Zivilisation ist die Erpressung des Menschen
> Und dies verbirgt sich unter dem Deckmantel des Handelns.

(Was sollen wir tun 38)

Iqbals Entrüstung über die Vorgänge in Abessinien war so groß, daß er
noch mehrfach auf diesen Sachverhalt zurückkam. In seinem *Zarb-e
Kalīm* («Der Stab des Moses») sind einige Gedichte diesem Thema gewidmet. In dem Gedichte «Abessinien» äußerte Iqbal seine Überzeugung, daß der Streit der europäischen Mächte um neue Absatzmärkte
und um eine neue Verteilung der Welt zu einem neuen Weltkrieg führen müsse. Er sah symbolisch den Leib von Abessinien als einen ver-
gifteten Kadaver, den die europäischen Mächte als Beute unter sich teilen wollten:

> Die Geier von Europa wissen noch nicht,
> Wie giftig der Kadaver Abessiniens ist.

Nun soll der faulende Leichnam zerstückelt werden.
Der Zenith der Zivilisation ist der Verfall der Tugend.
Die Völker in unserer Welt benehmen sich wie Räuber.
Jeder Wolf sucht sich ein unschuldiges Lamm aus.

(Der Stab Moses 147)

Iqbals religiöses Gefühl wurde durch die Tatsache tief gereizt, daß der Angriff auf Abessinien durch jenes Land verübt wurde, in dessen Hauptstadt der Sitz der höchsten Autorität der katholischen Kirche sich befindet. Der Angriff schien ihm Hohn und Beleidigung der ganzen katholischen Kirche zu sein, welche die Lehre von der Liebe und vom Frieden unter den Nationen predigt. Iqbal war betrübt, daß der Papst während des Feldzuges nach Abessinien von der Politik des italienischen Staates geschwiegen und es unterlassen hatte, die Kirche von dieser Politik öffentlich zu distanzieren.

Oh weh, Rom hat vor der ganzen Welt
den Spiegel der kirchlichen Ehre in Stücke zerschlagen!
Oh heiliger Vater, diese Sache zerfleischt mein Herz!

(ibid.)

Als Iqbal von den Sanktionen erfuhr, die der Völkerbund gegen Italien beschloß, schrieb er ein Gedicht, genannt «Mussolini», welches auf den ersten Blick den Eindruck erweckt, daß Iqbal Mussolinis Invasion nach Abessinien unterstützt. Eine genauere Untersuchung dieser Verse zeigt jedoch, dass Iqbal in Wirklichkeit ebenso die europäischen imperialistischen Kräfte, die den Kolonialismus früher als Mussolini ausübten, wie die italienische faschistische Diktatur selbst verurteilen wollte. In Iqbals Augen folgte «der Duce» nur dem Beispiel seiner europäischen Vorgänger England, Frankreich, die Niederlande, Belgien und Portugal, die in den vergangenen Jahrhunderten großen Reichtum aus ihren Kolonien erworben hatten. Iqbal fand Mussolini sogar besser, weil sich seine Regierung nicht als demokratisch gebärdete, um die Welt irrezuführen. Er behauptete, daß gewisse Staaten mit parlamentarischer Demokratie und der Faschismus ein gemeinsames Ziel hätten, nämlich das Blutvergießen unschuldiger Völker in Asien und Afrika und deren Versklavung:

Ist denn das Verbrechen Mussolinis in dieser Welt vereinzelt?
Die unschuldigen Kinder Europas entrüsten sich unpassend.
Ihr habt unbarmherzig die Zelte der Nomaden ausgeplündert,
Ihr habt die Äcker der Bauern ausgebeutet,

> Ihr habt Throne und Kronen geraubt,
> Ihr habt geplündert und gemordet unter dem Vorwand der Zivilisation ge-
> stern, ich tue das heute.

(Der Stab Moses 151)

Als sich die internationalen Spannungen zuspitzten, spürte Iqbal die Gefahr eines neuen Weltkrieges heraufziehen. Obzwar er nicht fähig war zu erkennen, daß der Aufstieg Hitlers den Frieden in Europa bedrohte, erkannte er, daß Italien und Deutschland einen fieberhaften Rüstungswettlauf in Gang gesetzt hatten. Klarer sah er die Situation in Asien. Er verurteilte jede Gewalt imperialistischer Staaten, die Waffen schmiedeten, um die Welt mit Blut zu überschwemmen:

> Zum Unterlassen des Kampfes muß man diejenigen erziehen,
> deren blutige Krallen die Welt bedrohen.
> Europa rüstet sich bis an die Zähne,
> Um seine falsche Pracht und Macht zu stützen.

(Der Stab Moses 22)

Iqbal wußte sehr wohl, welches Unheil ein zweiter Weltkrieg entfesseln würde. In einer Satire auf den ersten Weltkrieg, welche er im Jahre 1924 schrieb, warnte er vor der Aussicht eines Massenmordens und Bombardements der Menschen. Er war sich bewußt, daß eine Abwehr gegen die Expansion imperialistischer europäischer Staaten notwendig sei. Resignation und Pazifismus standen im Widerspruch zum Geiste seiner Philosophie; dagegen glaubte er an einen bewaffneten Kampf gegen das Übel. Er war nicht der Meinung, daß man irgend einem europäischen Staat die Macht zur kriegerischen Expansion überlassen dürfe:

> Ist der Krieg im Osten ein Übel,
> So ist er auch im Westen ein Übel.
> Und ist dein Ziel das Recht, ist das in Ordnung,
> Daß du die Fehler Europas verzeihst
> Und den Islam so scharf verurteilst?

(ibid. 22)

Bei der Kritik der europäischen Zivilisation äußerte sich Iqbal ablehnend über die parlamentarische Demokratie. Er war überzeugt, daß sie in einigen Staaten nur ein Deckmantel zur Beherrschung der Völker sei. Er schrieb in seiner ersten Sammlung *Bāng-i Darā* («Der Klang der Karawanenglocke»):

Der Dämon der Ausbeutung tanzt im Gewand der Republik,
Und du meinst, es sei die Fee der Freiheit.
Institutionen, Reformen, Privilegien und Rechte
Sind bloß süsse Schlafmittel der westlichen Medizin.

Auf Grund der Fehler der bürgerlichen Demokratie in den dreißiger Jahren gelangte er zur Verurteilung der Demokratie überhaupt. Als den Hauptfehler der Demokratie betrachtete er ihre Unfähigkeit, die Menschen nach ihrer Fähigkeit und Qualität zu werten statt bloß nach ihrer Zahl. Inspiriert durch eine Erklärung von Stendhal schrieb er:

Ein gewisser Europäer hat das Geheimnis entdeckt,
Obzwar er weislich den Kern des Problems nicht enthüllt hat;
Die Demokratie ist eine Form der Regierung,
In welcher die Menschen gezählt, jedoch nicht gewogen werden.
(Der Stab Moses 157)

Ebenso wies Iqbal die Ideen der indischen Nationalisten und des Allindischen Nationalen Kongresses ab. Seine Opposition verstärkte sich nach der Bekanntgabe der neuen Verfassung im Jahre 1935. Diese Verfassung gewährte den indischen Provinzen nur Provinzialautonomie, obgleich Britannien sie als Erfüllung der indischen Autonomie betrachtete. Kein Wunder, daß die indische öffentliche Meinung diese Verfassung ablehnte. Iqbal verurteilte sie entschieden wegen ihrer föderativen Bestimmungen. Sie lähmten die nationale Bewegung und mißachteten die Einheit Indiens, welche Iqbal damals noch ersehnte. Er war der Meinung, daß sich die koloniale Lage in Indien durch die Proklamation der neuen Verfassung in keiner Weise geändert hatte, und er nahm Abstand von denen, die ihre Bedeutung überschätzten:

Schmeichle nur dem Minister der Regierung!
Es gibt eine neue Verfassung und eine neue Zeit hat begonnen.
Ich weiß nicht, ob es Schmeichelei oder Wirklichkeit ist,
Wenn jemand die Eule als einen Adler der Nacht bezeichnet.
(Der Stab Moses 146–7)

Angesichts der unfruchtbaren Verfassungsreformen verglich er Indien mit einem gefangenen Vogel im Käfig, den die neue Verfassung nicht frei machte, sondern ihm in seiner Gefangenschaft nur mehr Komfort bringen sollte:

Diese Freundlichkeit ist nur eine Maske der Unfreundlichkeit.
Nichts hat mir mein frisches Singen geholfen.

Er legt verwelkte Blumen in den Käfig,
Um dem Gefangenen den Kerker angenehmer zu machen.

(ibid. 172)

Eine neue wirkende Kraft erschien im politischen Leben von Britisch-Indien in den zwanziger und dreißiger Jahren: die Klasse der Industriearbeiter. Ihre Ideologie wurde zu einem neuen politischen Faktor und begann den Charakter des Freiheitskampfes zu beeinflussen. Der Einfluß der sozialistischen Ideen durchdrang nach und nach die Jugend und die linksgerichteten Gruppen der indischen Nationalbewegung und öffnete ihnen neue Horizonte. Die Leistungen des jungen sowjetischen Staates wurden allmählich in Indien bekannt und im Jahre 1933 wurde die indische kommunistische Partei gegründet, die die früheren kommunistischen Gruppen in den verschiedenen Provinzen vereinigte. Sie wurde jedoch nach einem Jahr für illegal erklärt und mußte sich in den Untergrund zurückziehen.

Iqbal fühlte immer mit armen Menschen, ebenso wie er mit armen Völkern fühlte. Das soziale Problem rückte ihm näher, als Asien den Einfluß der Großen Oktoberrevolution verspürte. Er war der erste Dichter, der das Thema des Arbeiters und seiner Leiden in die Urdu-Poesie eingeführt hat und er benutzte bewußt den Terminus «Kapitalist» *(sarmāyahdār)* als Gegensatz zum «Proletarier» *(nādār),* doch blieb der Sozialismus als Gesellschaftsordnung im systematischen Detail außerhalb der Reichweite seines Denkens. Gewiß hob er während seines ganzen Lebens die Elemente der Sozialgerechtigkeit und der Brüderschaft der Menschen hervor, doch er suchte sie in dem ersten und reinsten Zeitabschnitt des Islams. Er träumte von einer befreiten Welt des Islams, die in einer Föderation durch gemeinsamen Glauben und Ideale vereint ist. Mit den Worten seines Übersetzers V.G. Kiernan: «Sein Ideal der religiösen Brüderschaft kann davon abgeleitet werden, daß er als Angehöriger der Mittelklasse den beiden anderen Klassen, der Gutsbesitzer und des Adels nach oben, und der Arbeiter und Bauern nach unten, nahe stand und daher das Leben mit den Augen von beiden zu betrachten fähig war.» (*Poems from Iqbal,* London 1955, n. XIX.)

Dieses Ideal der Einheit und Gleichheit der Menschheit und der Grundsatz, daß man die materiellen Güter nach Bedürfnis verteilen sollte, zogen ihn zum Sozialismus hin. Andererseits war er unfähig, die materialistische Weltanschauung zu akzeptieren, mit der der wirkliche Sozialismus unabwendbar verbunden ist. Wir können nicht feststellen, wie weit er sich in das Studium der theoretischen sozialen Doktrinen vertieft hat. Da er sich jedoch dem Studium der europäischen philosophischen Richtungen widmete, können wir mit gutem Grund annehmen, daß er wenigstens das *Kapital* von Karl Marx und vielleicht auch andere theoretische Bücher gelesen hat.

Gewiß war er einer der ersten asiatischen Dichter, welche den Sieg der sozialistischen Oktoberrevolution begrüßten. Als in Rußland das Sowjetsystem errichtet wurde, reagierte er darauf mit dem Gedicht *Sarmāyah wa mihnat* («Kapital und Arbeit»). In diesem Gedicht rief er die Werktätigen des Ostens und Westens auf, dem sowjetischen Beispiel zu folgen und die kapitalistischen Ketten abzuwerfen.

Der neue Charakter, den die indische Nationalbewegung in den zwei Jahrzehnten, die der Teilnahme der indischen Arbeiterschaft folgten, angenommen hat, kam in Iqbals Poesie in denselben Dekaden besonders in einigen Gedichten der Sammlung *Payām-e mashriq* («Botschaft des Ostens») zum Ausdruck. Iqbal interessierte sich stark für die Lage der Arbeiter und verteidigte ihre Rechte. Seine Philosophie sträubte sich gegen soziale Ungerechtigkeit und er verurteilte daher den scharfen Unterschied zwischen der Armut des Arbeiters und dem Luxus des Arbeitgebers. In *Nawā-e mazdūr* («Gesang des Arbeiters») betonte er, daß der Urheber des Wertes – der Arbeiter – durch den Arbeitgeber, der nur faulenze, ungerecht ausgebeutet werde:

Der Lohn des Schuftenden, des Knechts im här'nen Rock:
Untät'gem Kaufmann wird er seidenes Gewand:
Des Fürsten Zaumjuwel aus Tränen meines Kindes,
Statthalters Ring-Rubin aus meinem Schweiß entstand!
(Botschaft des Ostens 257, Schimmel 102)

Die Überzeugung, daß nur die schöpferische Arbeit des Arbeiters eine Grundlage für ein glückliches Leben legen kann und daß der parasitäre Kapitalist nur eine Last auf den Schultern der Menschheit bedeutet, wird von Iqbal noch deutlicher in seinem Gedicht *Muhāwara mā baine hakīm-e fransawī Agastas Komt wa mard-e mazdūr* («Dialog zwischen dem französischen Philosophen Auguste Comte und einem Arbeiter») ausgedrückt:

Kapitalist ist eine Last auf Erden –
Nie wird von Schlaf und Essen satt er werden.
Arbeiterhand schafft Wohlstand dieser Welt
Recht ist's, wenn Nichtstun man für Diebstahl hält.
(Botschaft des Ostens 244–245, Schimmel 96)

Iqbal führte zu diesem Urteil seine poetische Interpretation der Gedanken des französischen Positivisten Auguste Comte (1798–1857), der behauptete, daß sich das menschliche Herz nach einer harmonischen Einheit aller Glieder der menschlichen Gesellschaft sehnt. Iqbal entwickelt den Grundgedanken Comte's, die Überzeugung, daß der menschlichen Gesellschaft die Natur und ihre Gesetze, welche die Lage und Aufgabe jedes Einzelnen bestimmen, untergeordnet werden müssen, so daß für die individuelle Freiheit nicht viel Raum übrigbleibt. In seinem Gedicht kritisiert der Arbeiter diese Doktrin einer unabänderlichen Gesellschaftsordnung und den Philosophen, der dem Wissen nur ein Ziel setzt, nämlich die Geheimhaltung der kapitalistischen Ausbeutung der Arbeit und die Erklärung der sozialen Ungleichheit für notwendig und dauerhaft:

> Der Philosoph (Comte):
> Die Menschenkinder sind einander Glieder
> Des gleichen Baumes Zweig, Blatt und Früchte wieder.
> Befiehlt der eine, und der andre tut –
> Das Werk des Ayaz kommt nicht von Mahmud.
> Der Arbeiter:
> Berücken sollte mich Philosophie?
> Wirst doch den alten Zauber brechen nie!
> Gibst du des Felsengräbers Rechte, Weiser,
> Dem reichen, niemals schmerzgeprüften Kaiser?
>
> (Botschaft des Ostens 244–245, Schimmel 95)

Iqbal gehörte jedoch der muhammedanischen Klein-Bourgeoisie an und war daher unfähig, den Arbeiter und sein Problem vom Standpunkt der Arbeiterklasse aus zu betrachten. Gewiß war er sich der Ausbeutung des Arbeiters und dessen armseliger Lebensbedingungen und anderseits des Prunks des Unternehmers bewußt. Diese Ungerechtigkeit erregte seinen Widerstand. Er hat oft darauf hingewiesen, doch niemals ein Programm zur Lösung und Abschaffung der Ungerechtigkeit vorgelegt. In dem Gedichte *Qismatnāma-e sarmāyadār wa mazdūr* («Der Anteil des Kapitalisten und des Arbeiters») stellt er die scharf kontrastierenden Lose des arbeitenden Menschen und des Ausbeuters gegenüber:

> Der Lärm in der Werkstatt und der Fabrik – mein Teil
> In Kirchen der mächtige Orgelton – dein Teil –
> Der Staub und was unter dem Staub ist – mein Teil
> Vom Erdenstaub hin bis zum himmlischen Thron – dein Teil.
>
> (Botschaft des Ostens 255–256, Schimmel 101)

Es lag Iqbal jedoch fern, sich der Arbeiterbewegung anzuschließen. Er begrüßt zwar die Oktoberrevolution, doch hatte er wenig Verständnis für die Ordnung, welche sie eingesetzt hat. Zugleich hatte er von Lenin eine so gute Meinung, daß er ihn in einem seiner Gedichte den Himmel besteigen und eine scharfe Rede gegen den Imperialismus und Kapitalismus halten ließ, worin er Gott auffordert, sie zu vernichten. In diesem Gedicht *Lenin khudā kē huzūr mēn* («Lenin vor Gott») ließ Iqbal alles Leid und allen Zorn der Arbeiter und ihre Empörung über die in der Welt herrschende Ungerechtigkeit ausdrücken. In einem folgenden Gedicht gibt Allah den Engeln Auftrag, die Häuser der Reichen zu vernichten, ihre Felder zu verwüsten und das Los der frommen Leibeigenen überall auf der Welt zu bessern. Lenins Rede vor Gott und Allahs Befehl an die Engel kann gewiß nicht als ein Aufruf zum Umsturz des kapitalistischen Systems angesehen werden. Doch die Tatsache, daß Lenin als Repräsentant eines sozialistischen Staates in Iqbals Poesie die Rechte der Arbeiter verteidigt und die Mängel des Kapitalismus verurteilt, richtet die Aufmerksamkeit des Lesers auf die Lehre des Sozialismus.

Ein andermal stellt Iqbal Lenin wieder im Himmel dar, wie er mit dem preußischen König und dem deutschen Kaiser Wilhelm, dem überzeugten Verteidiger der absoluten Macht, diskutiert. Anfangs scheint es, daß Iqbal mit Lenin übereinstimmt, indem er behauptet, daß das Volk einen Sieg über seine Bedrücker gewonnen habe. Dann läßt er jedoch den Kaiser einwenden, daß die Machtübernahme durch das Volk in der Welt nicht viel ändern werde. Er behauptet, daß kein großer Unterschied darin bestehe, ob die weltliche Macht durch einen gekrönten Einzelnen oder durch das Volk vollzogen werde:

> Das Volk hat die Krone des Herrschers erreicht,
> Doch die alte Unordnung in der Gesellschaft bleibt.

In einer etwas übertriebenen Metapher verglich Iqbal die weltliche Macht mit einer schönen Koketten, der jederzeit jemand den Hof macht: wenn sie nicht einem gekrönten Herrscher gehört, will sie von dem arbeitenden Volk besessen werden:

> Schirins Koketterie hat immer Käufer:
> Ist es nicht Chosrau, ist Ferhad es nur!

> (Botschaft 249–250, Schimmel 99)

Ungeachtet seiner Verurteilung des Sozialismus als einer materialistischen und ungläubigen Gesellschaftsordnung, schätzte Iqbal den Gründer des wissenschaftlichen Sozialismus, Karl Marx, hoch. Er hielt ihn für einen Verkünder einer neuen Ordnung, die auf der Gleichheit aller Menschen gegründet ist, für einen Propheten und sein *Kapital* für eine Art von heiligem Buch, das die Prinzipien einer neuen und gerechten Gesellschaftsordnung enthält. Es muß zugegeben werden, daß Iqbal glaubte, daß in der marxistischen Lehre eine unbewußte verborgene Wahrheit liege, nämlich die Lehre von der Gleichheit aller Menschen vor Gott – abgesehen davon, daß die marxistische Sozialordnung materialistisch ist und daß sie Gott nicht anerkennt. Er sagt von ihr, zum Beispiel:

> Des Kapitals Verfasser, Abrahams
> Geschlecht entsproßt, Prophet ohn' Gabriel:
> In seinem leeren Wort ist Wahres auch,
> Sein Herz ist gläubig, heidnisch sein Gehirn!
> Der Glaube des gottleugnenden Propheten
> Stützt sich nur auf die Gleichheit aller Bäuche.
>
> (Buch der Ewigkeit 1069, Schimmel 62)

Anderswo rief Iqbal den Geist von Marx an, um seine Ablehnung der ausbeuterischen Ordnung Westeuropas auszudrücken. Er ließ Marx die europäischen Volkswirtschaftler angreifen, die absichtlich die beutegierige Struktur des Kapitalismus verschwiegen und die Wissenschaft benutzten, um den Interessen der herrschenden Klasse zu dienen:

> Was hast du eigentlich, Gelehrter, in deine Bücher eingelegt?
> Eine Sammlung von Graphiken, eine Sammlung von Ausflüchten und
>   Aufschüben.
> In den Opferstätten, Tempeln und Schulen des Westens
> Verbirgt die Vernunft den Blick auf das Blutvergießen der Niederträchtigkeit.
>
> (Der Stab Moses 139)

In seinem letzten bedeutenden Urdu-Gedicht – «Satans Parlament» (1936) – stellt er Satans Berater dar, welche besorgt über die Ausbreitung der marxistischen Lehre in der Welt debattieren und sie als Wühlarbeit gegen das Reich des Bösen betrachten. Er läßt Satan zugeben, daß der Marxismus für die höllischen Mächte bedauernswert sei, doch kehrt er dann zu seiner früheren Überzeugung zurück und behauptet, daß die größte Gefahr für Satans Macht nicht der Sozialismus, sondern die Neubelebung des Islams bedeutet:

Der Berater:
Doch wie werden wir die Teufeleien dieses Juden beantworten?
Dieses Redners ohne Blitz, dieses Messias ohne Kreuz?
Er ist kein Prophet, obzwar er unter dem Arm ein Buch hält.
Was sollen wir sagen? Der Blick dieses Ketzers, der die Schleier verbrennt,
Ist der Tag der Abrechnung für die Völker des Westens und Ostens.
Gibt es ein größeres Unheil, als daß die Sklaven
Die Stricke der Zelte ihrer Herren durchgeschnitten haben!
Satan:
Wenn die Hand der Natur den Kragen des Kleides zerrissen hat,
Wird keine Logik des Kommunismus das Kleid ausbessern.
Mich können keine sozialistischen Landstreicher einschüchtern.

(Geschenk des Hidschas 218).

Obzwar Iqbal in späteren Jahren seines Lebens stets dem Sozialismus seine Aufmerksamkeit widmete, blieb er seiner festen religiösen Überzeugung treu, daß die ökonomische Grundlage des Sozialismus mit der Lehre des Korans identisch sei. Ebenso glaubte er, daß der Islam und der Sozialismus dasselbe Ziel hätten: die Sicherstellung des Lebensunterhaltes aller Menschen. Seine Meinung hat sich im Grunde nie geändert. Allerdings verwechselte er ein soziales System mit religiöser charitativer Tätigkeit, die der Islam vorschreibt, die jedoch unfähig ist, die Wurzeln der Ungleichheit zu beseitigen. In seinem Gedicht *Ishtirakīyāt* («Sozialismus») greift er wieder zu dem oft zitierten Vers des Korans «Sie werden dich fragen, was sie an Almosen verwenden sollen: sage «den Überschuß» (Koran 2, 219):

Es scheint mir aus dem Handeln der Völker,
Daß dieser russische Fortschritt nicht ohne Nutzen ist.
Vielleicht wird sich die Wahrheit zeigen,
Welche bisher in dem Worte «Überschuß» verborgen bleibt.

(Der Stab des Moses 144)

Iqbal verlangte einen islamischen Sozialismus für die Muhammedaner. Für den Hauptfehler des sozialistischen Systems in Rußland hielt er den Atheismus, obzwar er zugab, daß die Sowjetunion in gewisser Beziehung ungewollt das Werk Gottes vollbracht habe. Er glaubte, daß der sowjetische Atheismus nur aus den Fehlern und der Korruption der alten orthodoxen Kirche entstanden sei. Er schrieb in seinem Gedicht *Bolshevik Rūs («Das bolschewistische Rußland»):

Unerforschlich sind die Wege des göttlichen Schicksals,
Man weiß nicht, was in dem Inneren der Welt verborgen ist!

Zur Zerstörung der Kirche wurden eben diejenigen bestimmt,
Die den Schutz der Kirche für Erlösung hielten.
Der russischen Gottesleugnung wurde der Befehl gegeben:
Zerstöre die alten Götzen und Denkmäler der Frömmler!

(Der Stab des Moses, 149)

Überzeugt, daß eine soziale Ordnung, die allen Menschen Gleichheit bringt, nicht ungläubig bleiben kann, forderte Iqbal das russische Volk in einer Botschaft in seinem *Buche der Ewigkeit* auf, die Gottesleugnung aufzugeben und ein religiöses Leben zu führen. Er benutzte da zum erstenmal die arabischen Partikeln «lā» und «illā», die in seinen folgenden Werken öfter vorkommen. Die arabische Negation *«lā»* bildet einen negativen Teil des islamischen Glaubensbekenntnisses (es gibt keinen Gott) und bedeutet eine endgültige Abrechnung mit aller Häresie und weltlichen Machthabern; *«illā»* (außer) bildet den positiven Teil der *shahāda* (außer Gott) und bedeutet in Iqbals Augen die Notwendigkeit, an einen einzigen Gott zu glauben und ihn als den höchsten Herrscher anzuerkennen und zu ehren. Iqbal glaubte, daß das sowjetische Volk den ersten Teil der *shahāda* vollzogen habe, indem es endgültig mit seinen Herrschern abrechnete und meinte, nun wäre es Zeit für die Russen, Gott als ihren allerhöchsten Herrscher anzuerkennen:

Du hast mit allen Herren jetzt gebrochen:
Verlaß das «kein» und geh zum «außer ihm».

(Buch der Ewigkeit 1437, Schimmel 76)

In seiner Botschaft an das russische Volk drückt Iqbal die Ideen des islamischen Sozialismus aus, einer sozial-philosophischen Doktrin, welche damals in einem Teil der muhammedanischen Intelligenz sehr populär war und noch immer ist. Diese Doktrin hebt die sozialen Aspekte der koranischen Lehre hervor, erklärt jedoch, daß die Gleichheit aller Menschen eine Revolution oder eine ökonomische Neuordnung der menschlichen Gesellschaft nicht erfordere; eine konsequente Befolgung des Korans genüge zur Erreichung dieses Zieles. Einige Mitglieder der muhammedanischen Intelligenz gründeten diesen Glauben besonders auf jene Verse des Korans, welche die Herren, die Reichen und den Geiz verurteilen, die Sklaven verteidigen und Wohltätigkeit und Verteilung von Almosen anordnen. In dieser Beziehung wurde am häufigsten der oben angeführte Vers 2, 219 zitiert, sowie der Vers 3, 87: «Du kannst die Gerechtigkeit nicht erreichen, solange du nicht in Almosen dasjenige, was du liebst, verteilt hast.» Der muhammedanische Sozialismus betont wohltätiges Wirken, das von dem guten Willen der wohlhabenden Einzelnen abhängt, als Mittel zur Verteilung der sozialen Güter. Iqbal bemühte sich zu beweisen, daß das Prinzip des Sozialismus, das praktisch zum erstenmal in der Sowjetunion verwirklicht wurde, fast identisch mit dem Prinzip des Korans sei und daß daher keine Schwierigkeiten im Wege ständen, daß das sowjetische Volk den Glauben an Allah annehme, was ihm ermöglichen würde, sich nach dem Koran und seinen Vorschriften zu richten:

> Er spricht zum Menschen: Gib die Seele hin!
> Was du mehr hast als nötig, gib es hin!
> Du schufst ein neu Gesetz und neue Riten!
> Betrachte sie im Lichte des Korans!
>
> (Buch der Ewigkeit 1480, Schimmel 78)

Jedoch er nahm gewiß sein Argument nicht ernst und dachte nicht daran, das sowjetische Volk zum Übertritt zum Islam zu veranlassen. Es war eher ein Weg zu zeigen, daß die sozialen Prinzipien, die im Koran enthalten sind, in unserer Zeit in die Praxis eingeführt werden können.

Die Kritik aller Formen des Mißbrauchs und der Ausbeutung des Menschen durch den Menschen, die Verurteilung der kapitalistischen Ordnung und das Mitleid für die Arbeiter sind in Iqbals Schriften mit einem unerschütterlichen Glauben an die Einführung idyllischer Beziehungen zwischen den Völkern und die Notwendigkeit einer theokratischen Regierungsform verbunden. Der strenge religiöse Glaube machte Iqbal unfähig, sich von der Ideologie seiner Klasse loszusagen und seine Poesie in den Dienst der revolutionären Bewegung der Arbeiter und Bauern zu stellen, wie es einige seiner muhammedanischen Zeitgenossen taten, z.B. der Poet der Revolution Jōsh Malīhābādī.

Iqbal ist nie ein Führer des Volkes geworden. Er war ein Dichter, ein Intellektueller und ein Philosoph, durch sein Gefühl mit dem alten feudalen System, auf dessen Grundlagen er eine ideale soziale Zukunft aufzubauen wünschte, verbunden. Er hatte ein starkes Empfinden für die Unterdrückung der Werktätigen, doch er blieb weit oberhalb ihrer. Er kritisierte zwar oft die soziale Ungleichheit und verurteilte das kapitalistische System, dem diese Ungleichheit dient. Jedoch in seiner Praxis setzte er sich für die ungestörte Entwicklung der kapitalistischen Wirtschaft ein. Anfangs der dreißiger Jahre forderte er ein unabhängiges Territorium für die indischen Muhammedaner (der spätere Anspruch auf Pakistan) und eine reale Abgrenzung der Interessensphären

84

für ungestörtes kapitalistisches Unternehmertum der Mitglieder der muhammedanischen Bourgeoisie.

Ich habe versucht, die inneren Widersprüche, welche für das Leben und die Philosophie Iqbals charakteristisch sind, aufzuklären. Es handelt sich um eine Inkonsequenz, die nicht nur seiner Individualität eigen war, sondern die seine Zeit charakterisierte. Als Dichter und Denker stand Iqbal auf einer Trennungslinie zweier Epochen – der feudalen Gesellschaft und des modernen Kapitalismus. Er stützte sich teilweise auf beide, doch in den Ideen hing er an jener, aber in der Praxis hing er eher an diesem. Der Sozialismus war zu seiner Zeit die Ideologie der zukünftigen Periode in der menschlichen Geschichte, die Ideologie einer Sozialklasse, die er nicht kannte und der er mißtraute. Sozialistische Lehren blieben jenseits der Grenzlinie seiner Interessen. Iqbal war ein typischer Repräsentant der indischen Bourgeoisie und besonders der Intelligenz der mittleren Klasse. In seiner Poesie drückte er ihre Wünsche und Forderungen aus und zeigte ihnen die Ideale, welche ihren objektiven Erfordernissen entsprachen. Er hatte in dem Maße Erfolg, in dem er den Übergang der indischen Muhammedaner vom Feudalismus zu einer bürgerlichen Gesellschaft beschleunigt und so indirekt die Grundlage für die zukünftige Entwicklung zu einer besseren und gerechteren sozialen Ordnung bereitet hat.